왕초보
대바늘 손뜨개

왕초보 대바늘 손뜨개

1판 1쇄 발행 2012년 12월 20일
1판 7쇄 발행 2021년 1월 12일

지은이　미카 · 유카
옮긴이　김수연
펴낸이　유성권

펴낸곳　㈜이퍼블릭
출판등록　1970년 7월 28일, 제1-170호
주소　서울시 양천구 목동서로 211 범문빌딩 (07995)
대표전화　02-2653-5131 | **팩스**　02-2653-2455
메일　loginbook@epublic.co.kr
포스트　post.naver.com/epubliclogin
홈페이지　www.loginbook.com

- 이 책은 저작권법으로 보호받는 저작물이므로 무단 전재와 복제를 금지하며, 이 책 내용의 전부 또는 일부를 이용하려면 반드시 저작권자와 ㈜이퍼블릭의 서면 동의를 받아야 합니다.
- 잘못된 책은 구입처에서 교환해 드립니다.
- 책값과 ISBN은 뒤표지에 있습니다.

로그인은 ㈜이퍼블릭의 실용서 브랜드입니다.

애플에부터 넥워머, 장갑, 조끼, 재킷, 터틀넥 풀오버까지 바로 뜨면서 배우는

왕초보 대바늘 손뜨개

미카·유카 지음 | 김수연 옮김

로그인

뜨개기호 일람표

기본 뜨개코

기호	페이지	명칭
│	34	걸코(또는 걸뜨기)
─	35	안코(또는 안뜨기)

여러 가지 뜨개코

기호	페이지	명칭
ℓ	50	돌려뜨기 (걸뜨기의 경우)
ℓ̱	51	돌려뜨기 (안뜨기의 경우)
V	52	걸러뜨기 (또는 미끄럼코)
V̱	53	걸러뜨기 (안뜨기의 경우)
○	54	걸기코 (또는 바늘비우기)
●	55	코막음
(팝콘 3코 3단 기호)	76	팝콘뜨기 (걸코 3코 3단)
(팝콘 5코 5단 기호)	77	팝콘뜨기 (걸코 5코 5단)

교차 뜨개코

기호	페이지	명칭
╳	62	오른코 교차뜨기
╳	64	왼코 교차뜨기
╳╳	66	오른코 위 2코 교차뜨기(또는 2:2 꽈배기뜨기)
╳╳	67	왼코 위 2코 교차뜨기
╳╳╳	68	오른코 위 3코 교차뜨기
╳╳╳	69	왼코 위 3코 교차뜨기
╳╳	70	오른코 위 2코와 1코 교차뜨기 (2코가 앞쪽)
╳╳	71	오른코 위 2코와 1코 교차뜨기 (1코가 앞쪽)
╳╳	72	오른코 위 2코와 안뜨기 1코 교차뜨기
╳╳	73	왼코 위 2코와 안뜨기 1코 교차뜨기
╳╳╳	74	오른코 위 2코 교차뜨기(사이에 안뜨기 2코 넣기)
╳╳╳	75	왼코 위 2코 교차뜨기 (사이에 안뜨기 2코 넣기)

코 줄이기

기호	페이지	명칭
	110	오른코 겹치기 (겉뜨기의 경우)
	111	왼코 겹치기 (겉뜨기의 경우)
	112	오른코 겹치기 (안뜨기의 경우)
	113	왼코 겹치기 (안뜨기의 경우)
	114	오른코 중심 3코 모아뜨기
	115	왼코 중심 3코 모아뜨기
	116	중심 3코 모아뜨기
	117	중심 3코 모아뜨기 (안뜨기의 경우)

코 늘리기

기호	페이지	명칭
	196	오른코 늘리기 (겉뜨기의 경우)
	197	왼코 늘리기 (겉뜨기의 경우)
	198	오른코 늘리기 (안뜨기의 경우)
	199	왼코 늘리기 (안뜨기의 경우)
	200	감아코로 늘리기 (오른코 늘리기의 경우)
	201	감아코로 늘리기 (왼코 늘리기의 경우)

주요 기본 테크닉

페이지	명칭
32	손가락으로 만드는 시작코
152	별도의 실로 뜨는 시작코
102	원형뜨기의 시작코
88	배색뜨기
172	메리야스 잇기
177	빼뜨기 잇기
179	코와 단 잇기
180	1코 고무뜨기 막기
182	2코 고무뜨기 막기
157	되돌아뜨기
161	덮어씌우기
168	빼뜨기 꿰매기
39	실 처리
40	프린지 다는 법

Contents

뜨개기호 일람표 … 4
한국어판 일러두기 … 10
바늘과 실의 기본 … 12
바늘에 대해서 … 12
실에 대해서 … 15
바늘 잡는 법 & 실 거는 법 … 18
뜨개코의 명칭 & 코 세는 법 … 19
왕복뜨기와 원형뜨기 … 20
뜨개법 페이지 보는 법 & 뜨개질 순서 … 22

고무뜨기로 뜬 머플러 a … 26
고무뜨기로 뜬 머플러 b … 28

- 손가락으로 만드는 시작코 … 32
- 겉코(또는 겉뜨기) … 34
- 안코(또는 안뜨기) … 35
- 코막음(메리야스뜨기의 경우) … 36
- 코막음(안메리야스뜨기의 경우) … 37
- 코막음(1코 고무뜨기의 경우) … 38
- 실 처리 … 39
- 프린지 다는 법 … 40

응용해보자! - ① 믹스실을 사용하여 완전히 다른 느낌 연출하기 … 42

무늬뜨기로 뜬 머플러 … 44

응용해보자! - ② 겉뜨기와 안뜨기만을 사용하여 만드는 여러 가지 뜨개지 … 48

- 돌려뜨기(겉뜨기의 경우) … 50
- 돌려뜨기(안뜨기의 경우) … 51
- 걸러뜨기(또는 미끄럼코) … 52
- 걸러뜨기(안뜨기의 경우) … 53
- 걸기코(또는 바늘비우기) … 54
- 코막음 … 55
- 영국 고무뜨기 … 56
- 변형 1코 고무뜨기 … 57

아란무늬 머플러 … 58

- 오른코 교차뜨기 … 62
- 왼코 교차뜨기 … 64
- 오른코 위 2코 교차뜨기(또는 2:2 꽈배기뜨기) … 66
- 왼코 위 2코 교차뜨기 … 67
- 오른코 위 3코 교차뜨기 … 68
- 왼코 위 3코 교차뜨기 … 69
- 오른코 위 2코와 1코 교차뜨기(2코가 앞쪽) … 70
- 오른코 위 2코와 1코 교차뜨기(1코가 앞쪽) … 71
- 오른코 위 2코와 안뜨기 1코 교차뜨기 … 72
- 왼코 위 2코와 안뜨기 1코 교차뜨기 … 73
- 오른코 위 2코 교차뜨기(사이에 안뜨기 2코 넣기) … 74
- 왼코 위 2코 교차뜨기(사이에 안뜨기 2코 넣기) … 75
- 팝콘뜨기(겉코 3코 3단) … 76
- 팝콘뜨기(겉코 5코 5단) … 77

응용해보자! - ③ 교차뜨기로 만드는 여러 가지 꽈배기무늬 … 79

배색뜨기로 뜬 스톨 … 80

- 2단마다 색 바꾸기(가로줄무늬의 경우) … 85　● 1단마다 3색 바꾸기(가로줄무늬의 경우) … 86　● 4코마다 색 바꾸기(세로줄무늬의 경우) … 87
- 배색뜨기(안쪽으로 실을 걸치는 경우) … 88　● 배색뜨기(안쪽으로 실을 걸치지 않는 경우) … 91　● 감아서 잇기 … 93

응용해보자! - ④ 배색뜨기로 표현하는 여러 가지 도안 … 94

꽈배기무늬 넥워머 … 98

- 4개의 바늘을 사용한 원형뜨기의 시작코 & 뜨는 방법 … 102　● 줄바늘로 만드는 시작코 & 뜨는 방법 … 103　● 매듭 … 104

꽈배기무늬 모자 … 106

- 오른코 겹치기(겉뜨기의 경우) … 110　● 왼코 겹치기(겉뜨기의 경우) … 111　● 오른코 겹치기(안뜨기의 경우) … 112　● 왼코 겹치기(안뜨기의 경우) … 113　● 오른코 중심 3코 모아뜨기(겉뜨기의 경우) … 114　● 왼코 중심 3코 모아뜨기(겉뜨기의 경우) … 115　● 중심 3코 모아뜨기(겉뜨기의 경우) … 116　● 중심 3코 모아뜨기(안뜨기의 경우) … 117　● 코 줄이기(양옆에서 3코 이상 줄이기) … 118　● 코 줄이기(끝코를 세우면서 줄이기) … 120　● 모자 윗부분 오므리는 법 … 121

메리야스자수로 포인트를 준 벙어리장갑 … 124
꽈배기무늬로 포인트를 준 손가락장갑 … 126

- 메리야스자수 … 133　● 손가락 뜨는 법 … 134

줄무늬가 들어간 양말 … 138

● 양말 뜨는 법 … 142

아가일무늬 브이넥 조끼 … 146

● 별도의 실로 뜨는 시작코(나중에 풀어내는 경우) … 152　● 별도의 실로 뜬 시작코를 풀어서 뜨는 방법 … 153　● 1코 고무뜨기 시작코(양끝 1코가 겉코인 경우) … 154　● 되돌아뜨기(왼쪽 어깨 경사 만들기) … 157　● 되돌아뜨기(오른쪽 어깨 경사 만들기) … 158　● 코 줄이기와 코 늘리기의 기호 보는 법 … 159　● 목둘레 코줍기 … 160　● 덮어씌우기(메리야스뜨기 1코씩 줍기) … 161　● 덮어씌우기(1코 고무뜨기 1코 줍기) … 162　● 덮어씌우기(2코 고무뜨기 1코 줍기) … 163　● 덮어씌우기(메리야스뜨기 반코씩 줍기) … 164　● 덮어씌우기(가터뜨기의 경우) … 165　● 덮어씌우기(줄임코에서 줍기) … 166　● 덮어씌우기(늘림코에서 줍기) … 167　● 빼뜨기 꿰매기 … 168　● 빼뜨기 꿰매기(곡선의 경우) … 169　● 덮어서 꿰매기 … 170　● 덮어서 꿰매기(코가 바늘에 걸려 있는 경우) … 171　● 메리야스 잇기(코가 바늘에 걸려 있는 경우) … 172　● 메리야스 잇기(코막음된 부분끼리 잇는 경우) … 174　● 가터 잇기 … 175　● 안메리야스 잇기 … 176　● 빼뜨기 잇기 … 177　● 덮어씌워 잇기 … 178　● 코와 단 잇기 … 179　● 1코 고무뜨기 막기(끝 2코가 겉코인 경우) … 180　● 2코 고무뜨기 막기 … 182　● 1코 고무뜨기 막기(원형으로 뜨는 경우) … 184　● 2코 고무뜨기 막기(원형으로 뜨는 경우) … 186

숄칼라 재킷 … 188

● 오른코 늘리기(겉뜨기의 경우) … 196　● 왼코 늘리기(겉뜨기의 경우) … 197　● 오른코 늘리기(안뜨기의 경우) … 198　● 왼코 늘리기(안뜨기의 경우) … 199　● 감아코로 늘리기(오른코 늘리기의 경우) … 200　● 감아코로 늘리기(왼코 늘리기의 경우) … 201　● 양쪽 끝에서 코 늘리기 … 202　● 돌려뜨기로 코 늘리기 … 204　● 주머니 뜨는 법 … 205　● 앞섶 뜨는 법 … 207　● 단춧구멍 … 208

오프 터틀넥 풀오버 … 210

● 코바늘 사용법 … 217

색인 … 218

한국어판 일러두기

● 일본과 우리나라는 대바늘 호수에 차이가 있습니다. 바늘 굵기에 따라 작품의 완성치수나 게이지에 차이가 생기니 참고하시기 바랍니다.

[한국과 일본 대바늘 호수 비교]

한국	일본	한국	일본
2.0mm	0호(2.1mm)	4.5mm	8호(4.5mm)
2.5mm	1호(2.4mm)	5.0mm	10호(5.1mm)
2.5mm	2호(2.7mm)	5.5mm	11호(5.4mm)
3.0mm	3호(3.0mm)	6.0mm	13호(6.0mm)
3.0mm	4호(3.3mm)	6.0mm	15호(6.6mm)
3.5mm	5호(3.6mm)	7.0mm	7.0mm
3.5mm	6호(3.9mm)	8.0mm	8.0mm
4.0mm	7호(4.2mm)	10.0mm	10.0mm

● 이 책에서 사용된 실은 모두 하마나카사의 가을·겨울용 뜨개실입니다. 책에 나온 순서대로 실 정보를 적어두었으니 우리나라에 유통되고 있는 실로 바꾸실 때 참고하시기 바랍니다.

- 하마나카 멘스 클럽 마스터 (극태 타입)
  - 명칭 : Men's Club MASTER
  - 품질 : 울 60%(방축가공 울 사용), 아크릴 40%
  - 제품구성 : 50g×1볼(약 75m)
  - 페이지 : p.30
  - 사용된 실 번호 : 27
  - 사용된 대바늘 호수 : 10호

- 하마나카 에토프 (태 타입)
  - 명칭 : etoffe
  - 품질 : 알파카 70%, 울 24%, 나일론 6%
  - 제품구성 : 40g×1볼(약 102m)
  - 페이지 : p.30
  - 사용된 실 번호 : 2
  - 사용된 대바늘 호수 : 12호
  - 구입 가능 쇼핑몰 : 니트메이트(5타래 묶음), 니트카페(5타래 묶음), 이경임의 뜨개질 이야기(5타래 묶음)

- 하마나카 엑시드울 M (중세 타입)
  - 명칭 : EXCEED WOOL M
  - 품질 : 울 100%(엑스트라 파인 메리노 사용)
  - 제품구성 : 40g×1볼(약 160m)
  - 페이지 : p.46
  - 사용된 실 번호 : 111
  - 사용된 대바늘 호수 : 8호(극세 모헤어 얀과 2가닥으로 뜸. 1가닥으로 뜰 때 3호 추천)

- 하마나카 실크 모헤어 파르페 (극세 타입)
  - 명칭 : Silk Mohair Parfait
  - 품질 : 모헤어(슈퍼키드 모헤어) 55%, 실크 45%
  - 제품구성 : 25g×1볼(약 220m)
  - 페이지 : p.46
  - 사용된 실 번호 : 11
  - 사용된 대바늘 호수 : 8호(중세 스트레이트 얀과 2가닥으로 뜸. 1가닥으로 뜰 때 3호 추천)

- 하마나카 소노모노 알파카 울 (극태 타입)
  - 명칭 : Sonomono Alpaca Wool
  - 품질 : 울 60%, 알파카 40%
  - 제품구성 : 40g×1볼(약 60m)
  - 페이지 : p.60
  - 사용된 실 번호 : 41
  - 사용된 대바늘 호수 : 12호
  - 구입 가능 쇼핑몰 : 니트메이트(5타래 묶음), 니트카페(5타래 묶음), 박형아는 뜨개쟁이, 지인스토어

- 하마나카 소프티 트위드(병태 타입)
  - 명칭 : Softy Tweed
  - 품질 : 울 80%, 알파카 20%
  - 제품구성 : 40g×1볼(약 95m)
  - 페이지 : p.82, 148
  - 사용된 실 번호 : 4, 6, 9, 11
  - 사용된 대바늘 호수 : 6호, 8호

- **하마나카 미드 필 (태 타입)**
  - 명칭 : Mid Fiel
  - 품질 : 울 100%(오가닉 울 사용)
  - 제품구성 : 40g×1볼(약 110m)
  - 페이지 : p.100, 130
  - 사용된 실 번호 : 110, 111, 113
  - 사용된 대바늘 호수 : 7호, 5호

- **하마나카 소노모노 트위드 (합태 타입)**
  - 명칭 : Sonomono Tweed
  - 품질 : 울 53%, 알파카 40%, 그 외(카멜 및 야크 사용) 7%
  - 제품구성 : 40g×1볼(약 110m)
  - 페이지 : p.108
  - 사용된 실 번호 : 3
  - 사용된 대바늘 호수 : 6호

- **하마나카 푸가 (병태 타입)**
  - 명칭 : FUUGA
  - 품질 : 울 100%
  - 제품구성 : 40g×1볼(약 120m)
  - 페이지 : p.126
  - 사용된 실 번호 : 1, 7
  - 사용된 대바늘 호수 : 8호

- **하마나카 필드 (병태 타입)**
  - 명칭 : Field
  - 품질 : 울 100%(오가닉 울 사용)
  - 제품구성 : 40g×1볼(약 120m)
  - 페이지 : p.130
  - 사용된 실 번호 : 8, 10
  - 사용된 대바늘 호수 : 5호
  - 구입 가능 쇼핑몰 : 니트메이트(5타래 묶음), 이경임의 뜨개질 이야기(5타래 묶음), 지인스토어

- **하마나카 소노모노 알파카 울 (병태 타입)**
  - 명칭 : Sonomono Alpaca Wool
  - 품질 : 울 60%, 알파카 40%
  - 제품구성 : 40g×1볼(약 92m)
  - 페이지 : p.140
  - 사용된 실 번호 : 61, 62
  - 사용된 대바늘 호수 : 4호
  - 구입 가능 쇼핑몰 : 니트카페(5타래 묶음), 핸드니트

- **하마나카 소노모노 로빙 (극태 타입)**
  - 명칭 : Sonomono Roving
  - 품질 : 알파카 40%, 울 30%, 라미 20%, 리넨 10%
  - 제품구성 : 40g×1볼(약 64m)
  - 페이지 : p.148
  - 사용된 실 번호 : 91, 93
  - 사용된 대바늘 호수 : 8호
  - 구입 가능 쇼핑몰 : 지인스토어

- **하마나카 엑시드울 L (병태 타입)**
  - 명칭 : EXCEED WOOL L
  - 품질 : 울 100%(엑스트라 파인 메리노 사용)
  - 제품구성 : 40g×1볼(약 80m)
  - 페이지 : p.148
  - 사용된 실 번호 : 329
  - 사용된 대바늘 호수 : 8호

- **하마나카 바스크 (초극태 타입)**
  - 명칭 : Bosk
  - 품질 : 울 100%
  - 제품구성 : 50g×1볼(약 45m)
  - 페이지 : p.190
  - 사용된 실 번호 : 3
  - 사용된 대바늘 호수 : 15호

- **하마나카 릴리아지 (병태 타입)**
  - 명칭 : Liliarge
  - 품질 : 아크릴 40%, 울 38%, 나일론 15%, 모헤어 7%
  - 제품구성 : 40g×1볼(약 100m)
  - 페이지 : p.212
  - 사용된 실 번호 : 3
  - 사용된 대바늘 호수 : 7호

※ **하마나카 털실 검색 URL**
http://www.hamanaka.co.jp/goods/hand/index.html#/new

※ **구입 가능한 인터넷 쇼핑몰 안내**
1. 니트메이트(www.knitmate.com)
2. 니트카페(www.knitcafe.co.kr)
3. 박형아는 뜨개쟁이(www.knitter.kr)
4. 이경임의 뜨개질 이야기(www.emro404.com)
5. 지인스토어(www.giinstore.com)
6. 핸드니트(www.handknit.co.kr)

뜨개질을 하기 전에 알아두어야 할
바늘과 실의 기본

본격적으로 뜨개질을 시작하기 전에 알아두어야 할
바늘과 실, 기본 용어, 뜨개도안 보는 법 등 기초 지식을 설명합니다.

바늘에 대해서

대바늘뜨기에 사용하는 바늘의 종류와 특징을 소개합니다. 뜨고자 하는 아이템, 실에 알맞은 바늘을 선택하면 쉽게 뜰 수 있습니다.

바늘의 종류와 사용법

일반적인 바늘은 2개가 한 쌍인 2개짜리 바늘로 머플러, 스웨터의 몸판 같은 평평한 부분을 뜰 때 사용합니다. 모자나 장갑 등 원통형으로 뜰 때는 4개짜리 바늘, 5개짜리 바늘, 줄바늘을 사용합니다. 바늘은 대나무, 플라스틱, 금속 등 다양한 재질이 있는데 초보자의 경우 가벼우면서 털실도 매끄럽게 움직일 수 있는 대나무 재질로 된 바늘을 사용하는 것이 좋습니다. 길이도 다양하니 뜨고자 하는 아이템의 폭에 맞춰서 선택하세요.

● 구슬 달린 2개짜리 막대바늘

머플러, 스웨터의 몸판이나 소매 등 평평하게 뜨는 '왕복뜨기'에서 사용하는 가장 일반적인 바늘. 바늘에서 뜨개코가 빠지지 않도록 한쪽 끝에 구슬이 달려 있다.

● 코바늘

주로 뜨개지를 연결할 때나 가장자리뜨기를 할 때 사용한다. 실의 굵기에 맞춰 사이즈를 선택한다.

● 줄바늘

2개의 바늘이 줄로 연결되어 있는 바늘. 시작부분과 끝부분을 이으면 줄바늘 하나만으로도 '원형뜨기'를 할 수 있어서 편리하다. 긴 뜨개지를 왕복뜨기할 때도 사용할 수 있다.

● 꽈배기바늘

교차뜨기를 뜰 때 코를 쉬어두기 위해서 사용하는 도구. 사이즈가 다양하므로 실의 굵기에 맞춰 구분하여 사용한다.

꽈배기바늘

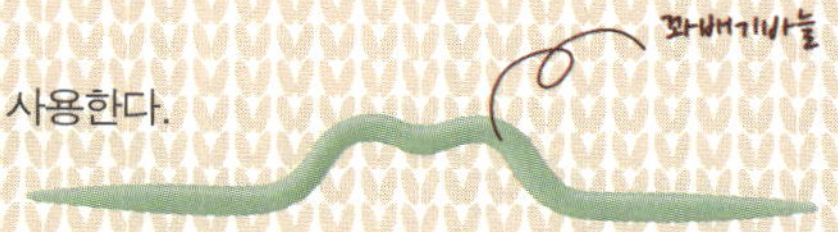

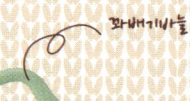

● 4개짜리 막대바늘, 5개짜리 막대바늘

양끝이 모두 바늘 스타일로 되어 있어서 모자나 장갑 등 뜨개지를 3분할이나 4분할하여 뜨는 '원형뜨기'에 사용한다. 전용 마개(▶p.21)를 사용하면 왕복뜨기에도 사용할 수 있다.

NO. 8
NO. 8
NO. 8
NO. 8
NO. 8
4개짜리 막대바늘, 5개짜리 막대바늘

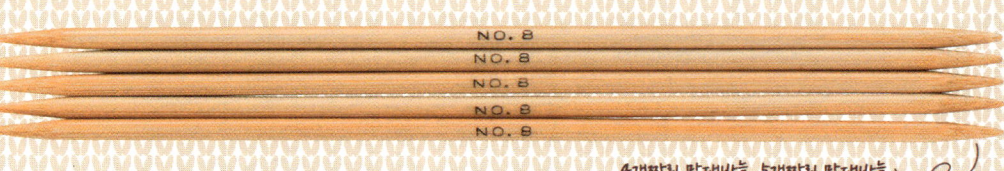

● 털실용 돗바늘

구멍이 크고 굵으며 끝이 둥근 바늘로 실 끝을 처리하거나 뜨개지를 연결할 때 사용한다. 실의 굵기에 맞춰 사이즈를 선택한다.

털실용 돗바늘

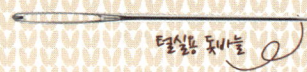

＼ 바늘의 굵기와 실물크기 견본

뜨개바늘은 굵기를 '호수'라는 단위로 나타냅니다. 대바늘에서는 호수가 커질수록 바늘이 굵어집니다. 0호~15호까지 있으며 그보다 굵은 사이즈는 'mm 바늘'이라고 불리며 7mm부터 20mm까지 있습니다.

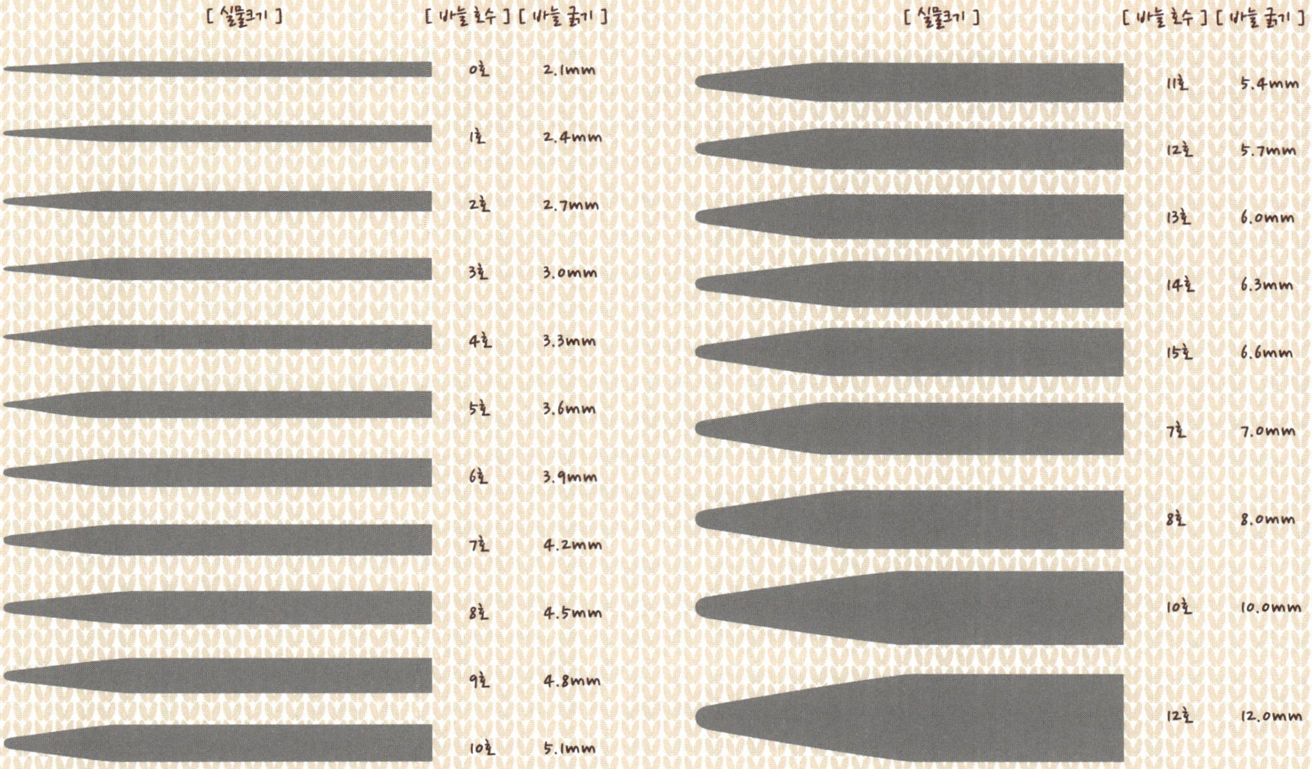

[실물크기]
[바늘 호수] [바늘 굵기]
0호 2.1mm
1호 2.4mm
2호 2.7mm
3호 3.0mm
4호 3.3mm
5호 3.6mm
6호 3.9mm
7호 4.2mm
8호 4.5mm
9호 4.8mm
10호 5.1mm
[실물크기]
[바늘 호수] [바늘 굵기]
11호 5.4mm
12호 5.7mm
13호 6.0mm
14호 6.3mm
15호 6.6mm
7호 7.0mm
8호 8.0mm
10호 10.0mm
12호 12.0mm

※ 'mm바늘'에는 위에 기재된 것 이외에도 9.0mm, 11.0mm, 15.0mm, 20.0mm 등이 있습니다.

바늘의 길이

바늘의 길이에는 여러 종류가 있습니다. 뜨고자 하는 아이템의 사이즈와 맞는 길이의 바늘을 사용하면 뜨기 쉬워집니다. 특히 줄바늘은 뜨고자 하는 아이템의 사이즈보다 짧은 바늘을 사용합니다.

- **33cm / 구슬 달린 2개짜리 막대바늘**
스웨터의 몸판이나 소매, 재킷의 앞섶 등 폭이 넓은 부분을 왕복뜨기로 뜨는 데 가장 적합하다.

- **30cm / 4개짜리 막대바늘**
브이넥 등 넓은 목둘레를 뜰 때나 몸판의 밑단부터 원형으로 떠 나갈 때 등에 적합하다.

- **23cm / 구슬 달린 2개짜리 막대바늘(작거나 좁은 사이즈)**
머플러 등 폭이 좁은 작품을 왕복뜨기로 뜨는 데 적합하다.

- **20cm / 4개짜리 막대바늘**
모자나 넥워머, 스웨터의 목둘레 등 작은 사이즈의 원형뜨기를 할 때 적합하다.

- **15cm / 4개짜리 막대바늘**
장갑이나 양말 등 직경이 조금 작은 작품의 원형뜨기를 할 때 가장 적합하다. 그래서 '장갑바늘'이라고도 불린다.

바늘 선택하는 법

뜨고자 하는 아이템과 사용할 실의 굵기에 맞춰 바늘의 호수와 길이를 선택합니다. 실이 가늘면 가는 바늘을, 실이 굵으면 굵은 바늘을 사용하는데 깔끔하게 완성하기 위해서는 실 라벨(▶p.17)에 적혀 있는 바늘 호수를 참고하여 알맞은 굵기의 바늘을 사용하는 것이 좋습니다.

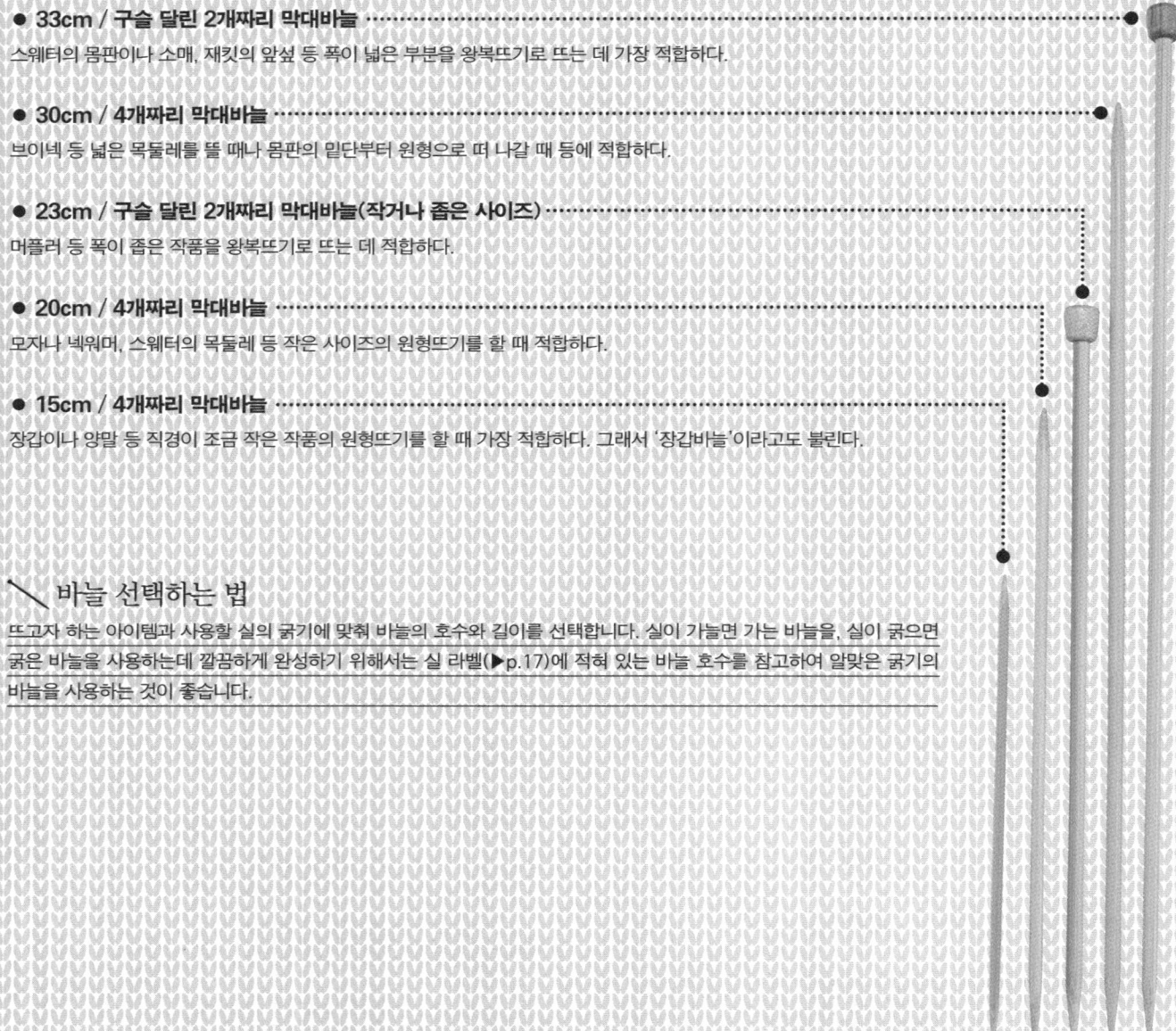

※ 바늘 사진은 실물크기 사이즈가 아닙니다.

실에 대해서

손뜨개에 사용하는 실의 종류와 특징을 소개합니다. 뜨고자 하는 작품에 맞춰 선택하고 손뜨개 책에 기재되어 있는 작품을 다른 실로 뜰 경우에는 비슷한 굵기의 실을 선택합니다. 책에 지정된 실과 다른 실을 사용할 때는 사이즈가 바뀔 수 있으니 게이지를 가늠하세요.

실의 종류와 형태

손뜨개에 사용하는 실에는 울을 비롯한 다양한 소재가 있습니다. 상품에 따라 굵기 및 형태가 다르며 색상에 다양하게 변형을 준 실도 있습니다. 여기서는 대표적인 실의 종류와 특징을 소개합니다.

● 형태별 종류

스트레이트 얀 straight yarn 가장 일반적인 실. 뜨기 쉬우며 색상과 굵기 등 종류가 다양하다.	
트위드 얀 tweed yarn '넵(nep, 실 매듭. 방적 중에 생긴 섬유의 작은 뭉치나 마디.-옮긴이)'이라고 불리는 작은 마디가 있는 실. 성글고 거친 촉감이 특징이다.	
모헤어 얀 mohair yarn 털 길이가 긴 실. 섬세하고 부드러운 촉감이 매력이지만 엉키기 쉽고 잘못 뜨면 다시 풀기가 어렵다.	
슬러브 얀 slub yarn 성근 실을 꼬아서 만든 실. 실 한 가닥에 굵은 부분과 가는 부분이 있다.	
루프 얀 loop yarn 빙글빙글 말려 있는 실 고리를 심지가 되는 실에 감아놓은 실. 촉감이 폭신하며 뜨개코가 눈에 띄지 않는다.	

● 소재별 종류

코튼, 리넨 실 주로 봄여름 옷이나 사계절에 사용할 수 있는 작품 등을 뜰 때 사용하는 실. 울 실에 비해 실이 미끄러지기 쉬워서 약간 뜨기 힘든 면도 있다.	
울 실 주로 양모 100%이지만 앙고라나 알파카 등의 고급 소재를 포함한 것도 있다. 합성섬유와 혼방한 것도 있으므로 라벨을 확인하는 것이 좋다.	
화학섬유 실 아크릴이나 폴리에스테르, 나일론 등을 전량 또는 혼방으로 사용한 실. 울보다 발색이 좋고 내구성이 강하다.	

실의 굵기

실의 굵기는 보통 '극세' '합세' '중세' '합태' '병태' '태' '극태' '초극태' 등의 타입으로 분류됩니다. 단, 슬러브 얀처럼 한 가닥에 굵은 부분과 가는 부분이 있는 실, 모헤어처럼 심지가 있는 실, 가늘지만 털이 길어서 약간 굵직한 바늘로 뜨는 실 등 그 분류만으로는 알 수 없는 고유의 특징들이 있습니다. 알맞은 바늘 호수 등의 정보는 반드시 라벨(▶p.17)에 기재되어 있는 내용을 확인하세요.

실과 바늘의 관계

손뜨개에서는 보통 굵은 실에는 굵은 바늘, 가는 실에는 가는 바늘을 사용합니다. 굵은 실이나 굵은 바늘로 뜨면 사이즈는 커지고 가는 실이나 가는 바늘로 뜨면 사이즈는 작아집니다. 또한 바늘과 실을 적절하게 조합하여 뜨지 않으면 뜨개지가 느슨해지거나 팽팽해지므로 주의해야 합니다.

라벨 보는 법

실에 붙어 있는 라벨에는 실의 성질과 특징 등 뜨개질을 할 때 필요한 정보가 적혀 있습니다. 실을 선택할 때나 게이지를 미리 떠 볼 때 확인하세요. 작품을 다 뜰 때까지 보관해두면 실을 재구입하는 데 도움이 됩니다.

품질
소재명. 소재의 조성에 따라 촉감이 바뀌므로 미리 확인한다.

1타래의 g수와 실 길이
다른 실과 비교할 때 기준으로 한다. 같은 g수에서는 실이 긴 쪽이 더 가늘다. 1g에 해당하는 길이가 같으면 거의 비슷한 굵기(믹스실 중에는 그렇지 않은 것도 있다)이다.

알맞은 바늘 호수
이 실의 굵기에 알맞은 뜨개바늘의 호수. 뜨개 서적에 나와 있는 지정된 실과 다른 실을 선택할 때는 반드시 이 부분을 확인한다.

표준 게이지
알맞은 바늘로 떴을 경우의 참고 게이지(▶p.22). 대바늘은 메리야스뜨기로 떴을 때의 수치. 코바늘은 어떤 뜨개법으로 쟀는지 꼭 확인하도록 한다.

로트 번호
실을 염색할 때의 식별 기호. 같은 색상 번호의 실이라도 로트가 다르면 색상이 미묘하게 다른 경우가 있으므로 되도록 로트가 같은 실을 선택한다.

취급 방법
세탁방법, 적절한 다리미 온도 등이 기재되어 있다.

실 끝 빼내는 법

실타래에서 실을 끌어낼 때 바깥쪽부터 사용하면 실타래가 회전하여 뜨는데 방해가 되므로 중심에서 실 끝을 끌어내 뜨도록 합니다.

※ 라벨이 실타래의 중심을 통과하여 붙어 있는 경우에는 벗겨낸 뒤 뜹니다

① 실타래 속에 손가락을 넣은 뒤 중심 부분의 털실을 약간 잡아서 끌어낸다.

② 실 뭉치를 끌어낸 모습. 실 뭉치가 다소 크더라도 신경 쓸 필요 없다.

③ 실 뭉치 속에서 실 끝을 찾아 뜨기 시작한다. 라벨은 벗겨 내지 않고 뜬다.

※ 도넛 모양의 실타래는 왼쪽 사진처럼 라벨이 중심을 통과하여 붙어 있는 경우, 벗겨 낸 뒤 뜹니다.

바늘 잡는 법 & 실 거는 법

손뜨개의 기본이 되는 바늘 잡는 법과 실 거는 법을 배워볼까요?
바늘의 종류나 개수가 바뀌더라도 기본자세는 바뀌지 않습니다.

바늘 잡는 법

양손으로 바늘을 한 개씩 나눠 잡고 바늘 끝에서 5cm 정도 안쪽 부분을 가볍게 잡습니다. 양손으로 바늘을 잡은 상태에서 항상 오른쪽에서 왼쪽으로 떠 나갑니다. 되도록 손끝과 어깨의 힘을 뺀 상태에서 바늘 끝을 위아래로 움직입니다. 익숙해질 때까지는 고리 속에서 실을 끌어내기 어려우므로 검지나 중지로 받쳐가면서 뜨는 것이 좋습니다.

POINT!
뜨려는 코가 바늘에서 빠지지 않도록 왼손 중지로 가볍게 누른 후 떠 나가면서 뜨개코를 바늘 끝 쪽으로 보낸다.

POINT!
뜬 코를 오른손의 검지로 가볍게 누른다.

실 거는 법

뜨려는 실을 왼손에 건 뒤 조금씩 앞쪽으로 보내면서 떠 나갑니다. 편물을 깔끔하게 뜨기 위해서는 균등하게 실을 보내는 것이 포인트가 됩니다. 뜨면서 실의 팽팽한 정도를 조절해보세요.

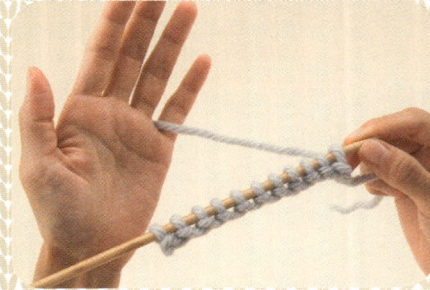 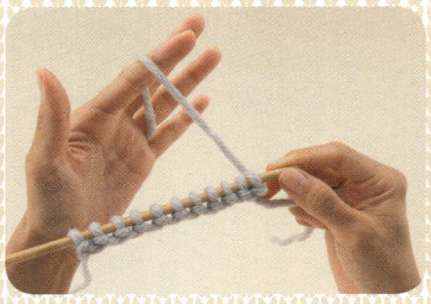 

❶ 바늘에서 20cm 정도 되는 부분의 실을 왼손의 소지에 건다.

❷ 손바닥 쪽으로 실이 걸쳐지게 한 뒤 검지에 건다.

❸ 왼손으로 실이 걸려 있는 바늘을 잡은 뒤 오른손으로 다른 바늘을 잡는다. 오른쪽 바늘로 뜨개코를 옮기면서 떠 나간다.

뜨개코의 명칭 & 뜨개법

대바늘뜨기의 경우 뜨개코는 크게 '겉코'와 '안코' 두 가지로 나뉩니다.
이 두 가지 뜨개코가 기본이 되므로 반드시 알아두도록 합니다.

각 부분의 명칭

뜨개법의 설명에도 나오는 공통된 명칭입니다.

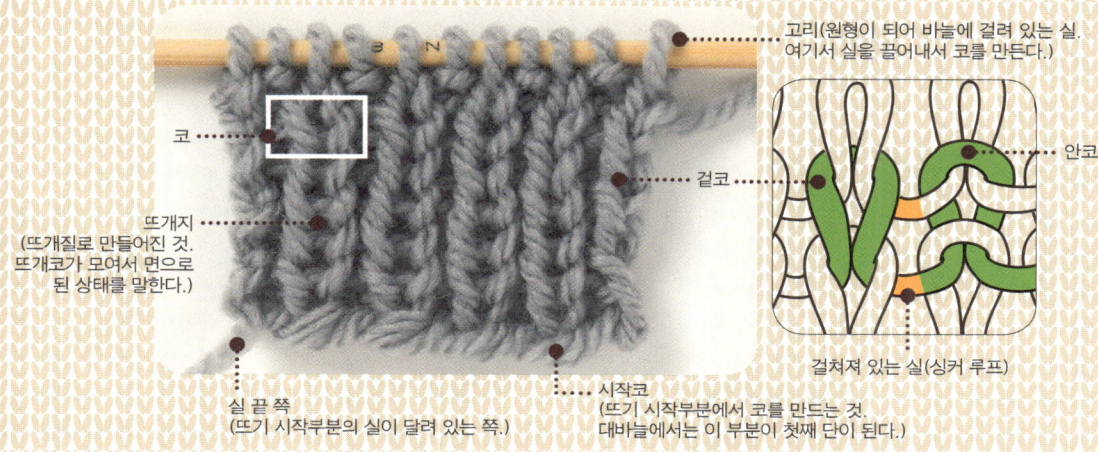

- 코
- 뜨개지 (뜨개질로 만들어진 것. 뜨개코가 모여서 면으로 된 상태를 말한다.)
- 실 끝 쪽 (뜨기 시작부분의 실이 달려 있는 쪽.)
- 시작코 (뜨기 시작부분에서 코를 만드는 것. 대바늘에서는 이 부분이 첫째 단이 된다.)
- 겉코
- 고리 (원형이 되어 바늘에 걸려 있는 실. 여기서 실을 끌어내서 코를 만든다.)
- 안코
- 걸쳐져 있는 실(싱커 루프)

콧수·단수 세는 법

콧수는 가로로 늘어서 있는 뜨개코의 숫자로 오른쪽에서 왼쪽 방향으로 셉니다. 단수는 세로로 늘어서 잇는 뜨개코의 숫자로 아래쪽에서 위쪽 방향으로 셉니다. 꽈배기뜨기, 배색뜨기 등은 뜨는 도중에 콧수나 단수를 세는 경우도 있으므로 바늘에 걸려 있는 코뿐 아니라 뜨개지의 코도 셀 수 있도록 합니다.

〈세는 법〉

왕복뜨기와 원형뜨기

대바늘뜨기의 뜨개법은 평평하게 뜨는 '왕복뜨기'와 원형으로 뜨는 '원형뜨기'로 나눌 수 있습니다.
1코씩 떠 나간다는 점은 동일하지만 바늘 사용법이나 뜨는 방향, 뜨개도안 보는 법 등에 차이가 있습니다.

왕복뜨기

2개의 바늘로 왕복하면서 뜨는 뜨개법입니다. 1단을 끝까지 떠서 뒤집은 뒤 다음 단은 안쪽을 보면서 뜹니다. 실제로는 항상 오른쪽에서 왼쪽으로 떠 나가는데 겉쪽만을 보면 왕복하며 뜨고 있는 것처럼 보여서 이렇게 부릅니다. 머플러나 스웨터의 몸판 같은 평평한 부분을 뜨거나 2개짜리 바늘로 뜰 때 사용합니다.

<왕복뜨기로 뜬 작품>

P.58 아란무늬 머플러   P.80 배색뜨기로 뜬 스툴

● 뜨개도안(메리야스뜨기의 경우)

시작코

<뜨개법 페이지에 표기된 기호도>

겉쪽에서 본 기호가 그려져 있기 때문에 모두 걸코로 되어 있다. 기호도의 끝부분에 그 단의 진행방향이 적혀 있으니 뜨기 전에 반드시 확인한다. 오른쪽에서 왼쪽으로 뜰 때는 그대로 기호대로, 왼쪽에서 오른쪽으로 뜰 때는 기호의 걸코와 안코를 반대로 해서 뜬다.

<실제로 뜰 기호도>

메리야스뜨기의 경우에는 안쪽을 보며 뜨는 단은 안코를 뜬다.

원형뜨기

줄바늘이나 4개짜리 막대바늘을 사용하여 빙 둘러 가며 나선 모양으로 뜨는 뜨개법입니다. 뜨개지가 원통형 상태가 되어 계속 겉쪽(바깥쪽)을 보며 뜰 수 있습니다. 모자나 스웨터의 목둘레 등을 뜰 때 사용합니다.

〈원형뜨기로 뜬 작품〉

P.106 꽈배기무늬 모자

P.138 줄무늬가 들어간 양말

● 뜨개도안(메리야스뜨기의 경우)

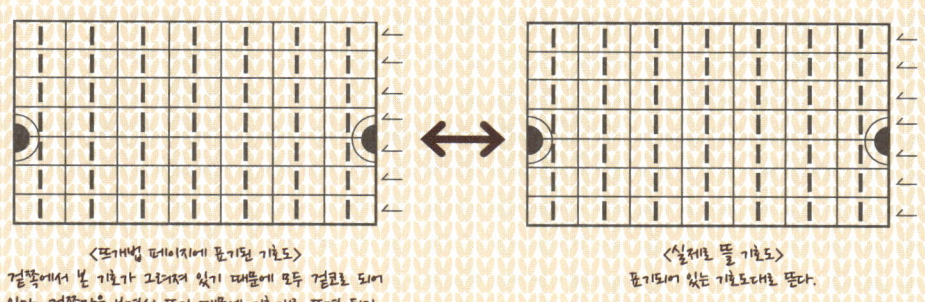

〈뜨개법 페이지에 표기된 기호도〉
겉쪽에서 본 기호가 그려져 있기 때문에 모두 겉코로 되어 있다. 겉쪽만을 보면서 뜨기 때문에 기호대로 뜨면 된다. 기호도의 양끝을 파선으로 표시하거나 맞춤점으로 뜨개지가 원형이라는 것을 표시한다.

〈실제로 뜰 기호도〉
표기되어 있는 기호도대로 뜬다.

[**손뜨개에 사용하는 그 외의 도구들**] 뜨개법에 따라 반드시 사용하는 도구와 있으면 편리한 도구들.

● **바늘마개**
뜨는 도중에 잠시 뜨개질을 멈출 때 등 뜨개코가 빠지지 않도록 대바늘 끝에 끼우는 도구. 4개짜리 바늘의 한쪽 끝을 마개로 막아서 구슬 달린 대바늘처럼 사용할 수도 있다.

● **단수 표시링**
뜬 콧수와 단수를 세기 쉽게 해주는 링. 다 뜬 코에 걸어서 사용한다. 원형으로 뜨는 경우 뜨기 시작하는 위치에 걸어두면 단을 옮기는 부분을 알 수 있어서 편리하다.

● **콧수·단수 카운터**
바늘에 끼워 두고 1단을 뜨고 나서 기록해둔다. 뜨개질을 하다가 잠시 쉴 때도 어디까지 떴는지 쉽게 알 수 있다.

● **안전핀(풀림막음핀)**
어깨나 목둘레 등에 쉼코가 있는 경우 일단 옮겨두기 위한 바늘.

● **줄자**
게이지나 실의 길이 등을 잴 때 사용한다.

뜨개법 페이지 보는 법 & 뜨개질 순서

이 책에 실려 있는 뜨개법 페이지 보는 법과 작품을 완성할 때까지의 과정을 설명합니다.
뜨개질을 시작하기 전에 읽어두세요.

뜨개법 페이지 보는 법

뜨개법을 설명한 페이지에는 필요한 재료와 도구, 사이즈, 전체도안, 뜨개도안 등이 게재되어 있습니다. 낯선 기호와 용어들도 나오기 때문에 미리 익혀두는 것이 좋습니다.

재료
실
필요한 뜨개실의 명칭과 중량. ( ) 안은 색상 번호.
전체를 완성하는 데 필요한 양이기 때문에 완성작품의 중량보다 조금 많은 양이 기재된다.
굵기 타입은 기준을 표시한 것. 제조사나 제품에 따라 표준 굵기가 다르므로 주의한다.
바늘
필요한 뜨개바늘의 종류, 호수(굵기)와 길이.

주요 사용 테크닉

게이지
사이즈대로 뜨기 위한 손대중의 기준. 자세한 사항은 아래에 기재된 내용을 참고한다.

순서
시작할 때부터 완성할 때까지의 과정을 설명한 것.

순서 번호
순서를 나타내는 번호. 자세한 뜨개법은 전체도안에 나와 있는 동일한 번호로 확인한다.

뜨는 방향
시작 위치에서부터 떠 나가는 방향을 나타내는 화살표.

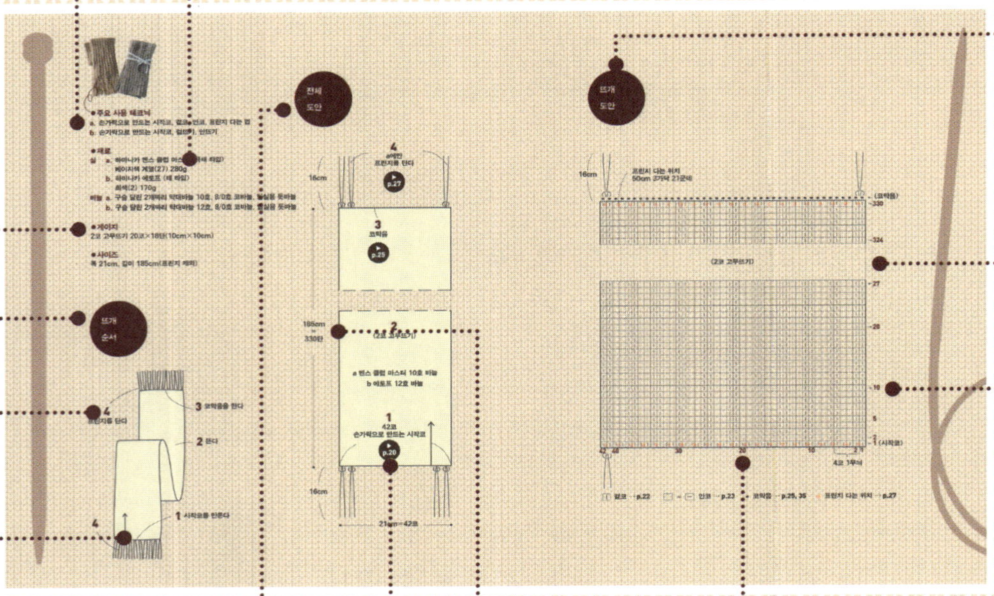

전체 도안
전체의 형태와 자세한 뜨개법, 사이즈 등을 표기. ( ) 안은 뜨개법.

참고 페이지
자세한 뜨개법의 설명 페이지를 나타낸다. 뜨개법을 모를 경우에 참고한다.

완성 사이즈
게이지대로 떴을 때의 치수.

콧수
1단에 있는 코의 개수.

뜨개도안
뜨개법을 알기 쉽도록 '뜨개 기호'로 나타낸 것. 실제로 뜰 때는 이곳을 보며 뜬다.

생략
점선과 파선은 생략을 나타낸다. 그 부분은 동일한 뜨개법을 반복한다.

단수
숫자는 단의 수를 나타낸다. 작은 화살표는 그 단을 뜨는 방향을 나타낸다. 일반적으로 왕복뜨기는 단마다 방향을 바꿔서 뜨고 원형뜨기는 같은 방향으로 뜬다.

뜨개질 순서

뜨개질을 시작할 때 필요한 준비물과 순서 등 작업의 과정을 소개합니다.

❶ 재료와 도구 준비하기

[재료]란을 확인하여 재료를 갖춥니다. 초보자는 지정된 실과 같은 실을 구입하는 것이 무난합니다.
작품을 만들기 전에 미리 떠보거나 잘못 떴을 때를 대비하여 1타래 많이 준비하는 것이 좋습니다.
작품에 따라서는 단추나 훅 등의 부자재가 필요합니다. 바늘은 굵기와 개수에 주의합니다.
줄바늘의 경우에는 반드시 길이도 확인하세요.
그 외에 따로 기재되어 있지 않더라도 코바늘과 털실용 돗바늘, 가위는 미리 준비해둡니다.

❷ 뜨개법 순서 확인하기

[순서]란을 확인하여 뜨기 시작할 위치와 다 떴을 때의 위치, 각 파트를 뜨는 순서 등을 염두에 둡니다.

❸ 미리 떠보고 게이지 재기

[게이지]란의 숫자를 참고하여 작품을 만들기 전에 미리 떠봅니다. 게이지의 의미와 재는 방법은 아래에 기재된 내용을 참고하세요.

❹ 전체도안을 보고 치수와 뜨개법 확인하기

[전체도안]에는 모든 파트마다 필요한 부분의 사이즈와 뜨개법이 실려 있습니다.
'시작코'나 '메리야스뜨기' 등 테크닉을 모를 때는 참고 페이지를 확인합니다.

❺ 뜨개도안을 보며 뜨기

이제 드디어 바늘과 실을 잡고 뜨기 시작합니다. 뜨개도안을 확인해가며 뜹니다.
뜨는 도중에 콧수와 단수가 잘못되진 않았는지 종종 확인하세요. 10단마다 실로 표시를 하거나,
뜨개도안에 단수 표시링으로 표시를 하는 것도 좋습니다.
이 책에서는 뜨개법 페이지의 뒤에 테크닉을 사진으로 설명하고 있습니다.
뜨개법을 잊어서 곤란한 경우에는 곧바로 확인하시기 바랍니다.

[게이지는, 올바른 사이즈로 뜨기 위한 기준]

● 게이지란?

일정 치수 안에 들어 있는 뜨개코와 단의 수. 일반적으로 10cm×10cm를 나타내며 '무의뜨기 20코×18단(10cm×10cm)' 등으로 표기합니다. 뜨개코 크기의 기준이 되며 수가 많을수록 코 따는 작아지고 수가 적을수록 커집니다. 게이지대로 떠야 지정된 치수대로 완성되지만 게이지와 다르게 뜨면 작품이 커지거나 작아지게 됩니다. 뜨개실과 바늘의 굵기, 손대중 등에 의해 바뀌므로 실제로 뜨기 전에 미리 게이지를 재서 확인하도록 합니다. 특히 지정된 실과 다른 실로 뜰 때는 반드시 확인해야 합니다. 되도록 지정된 실과 비슷한 굵기의 실을 선택하는 것도 중요합니다.

● 게이지를 재려면?

[게이지]란에 지정된 뜨개법으로 지정된 것보다 조금 많은 콧수와 단수를 뜹니다. 다 뜨고 나면 다리미로 스팀을 가볍게 분사한 뒤 평평한 곳에 놓고 중앙 부근에서 지정된 치수 내의 코와 단의 개수를 셉니다. 거의 맞으면 이제 작품을 뜨세요.

● 게이지가 맞지 않을 경우에는?

게이지보다 콧수와 단수가 많을 경우에는 약간 느슨하게 떠서 다시 재어봅니다. 그렇게 했는데도 맞지 않는다면 1~2호 정도 굵은 바늘로 떠서 다시 재보세요.
반대로 콧수와 단수가 적을 경우에는 약간 빽빽하게 다시 떠보세요. 그렇게 했는데도 맞지 않는다면 1~2호 정도 가는 바늘로 떠서 다시 재보세요.

● 게이지를 재는 것이 귀찮다면?

손뜨개에 익숙해진 사람이라면 지정한 실과 바늘만 사용하면 게이지가 크게 달라질 일이 없습니다. 어느 정도 손대중만 있으면 되므로 같은 작품에서 여러 종류의 뜨개법 중 한 가지 무늬에서 게이지가 맞는다면 그 외에도 맞을 것입니다. 다른 무늬를 모두 잴 필요는 없습니다.
또한 사이즈가 바뀌어도 안 되는 모자나 스웨터의 경우에는 게이지를 맞출 필요가 있으나 머플러나 스톨처럼 다소 사이즈가 바뀌어도 되는 작품의 경우에는 크게 신경 쓸 필요가 없습니다. 손뜨개를 처음 접하는 초보자라면 먼저 게이지와 상관없이 머플러 등을 떠서 손뜨개에 익숙해지도록 합니다.

고무뜨기로 뜬 머플러 a

겉뜨기와 안뜨기로 만드는 2코 고무뜨기를 왕복뜨기로 뜨기

고무뜨기는 겉뜨기와 안뜨기의 조합만으로 뜨는 기본 뜨개법입니다.
앞단과 똑같은 뜨개법으로 뜨면 되므로 외우기도 쉽고 틀릴 염려가 적어 초보자에게 추천하는 방법입니다.
다양하게 변형할 수 있지만 그 중에서도 2코 고무뜨기는 가장 적당한 신축성을 지닌 기본 뜨개법입니다.

고무뜨기로 뜬 머플러 b

푹신푹신한 실로 2코 고무뜨기를 떠서 부드러운 느낌 만들기

p.26의 '고무뜨기로 뜬 머플러 a'와 똑같은 뜨개법이지만
약간 털 길이가 긴 모헤어 얀을 사용하여 하늘하늘하고 부드러운 촉감이 특징인 머플러입니다.
믹스실이나 트위드 얀 같은 혼합실은 뜬 코의 크기가 가지런하지 않아도
눈에 잘 띄지 않기 때문에 손뜨개에 익숙하지 않은 사람도 안심하고 뜰 수 있습니다.

- **주요 사용 테크닉**
  a. 손가락으로 만드는 시작코, 겉뜨기, 안뜨기, 프린지 다는 법
  b. 손가락으로 만드는 시작코, 겉뜨기, 안뜨기

- **재료**
  실 a. 하마나카 멘스 클럽 마스터 (극태 타입)
      베이지색 계열(27) 280g
     b. 하마나카 에토프 (태 타입)
      회색(2) 170g
  바늘 a. 구슬 달린 2개짜리 막대바늘 10호, 8/0호 코바늘, 털실용 돗바늘
      b. 구슬 달린 2개짜리 막대바늘 12호, 8/0호 코바늘, 털실용 돗바늘

- **게이지**
  2코 고무뜨기 20코×18단(10cm×10cm)

- **사이즈**
  폭 21cm, 길이 185cm(프린지 제외)

전체 도안

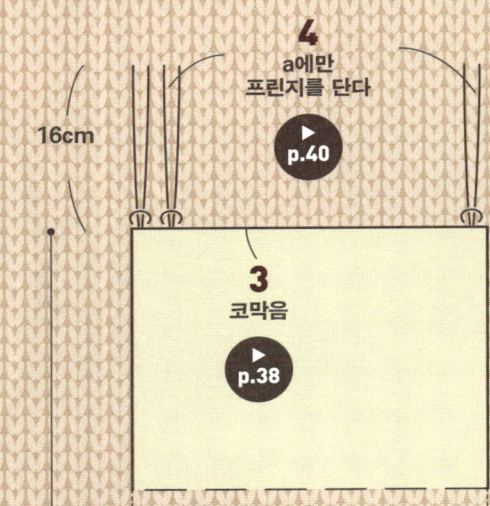

4 a에만 프린지를 단다 ▶ p.40

16cm

3 코막음 ▶ p.38

185cm = 330단

2 (2코 고무뜨기)

a 멘스 클럽 마스터 10호 바늘
b 에토프 12호 바늘

1 42코 손가락으로 만드는 시작코 ▶ p.32

16cm

21cm = 42코

뜨개 순서

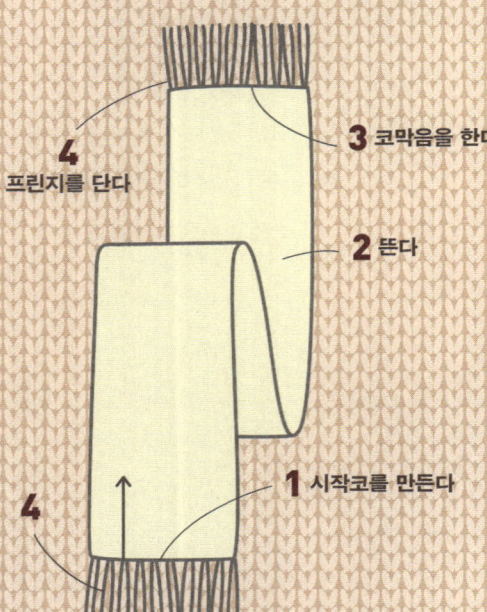

4 프린지를 단다
3 코막음을 한다
2 뜬다
1 시작코를 만든다

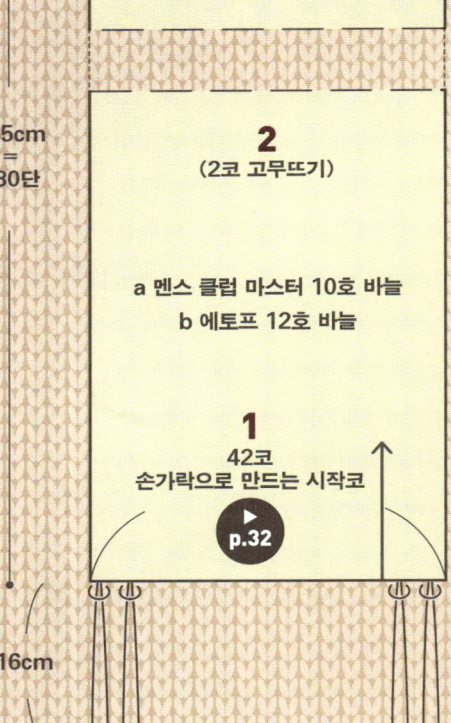

뜨개 도안

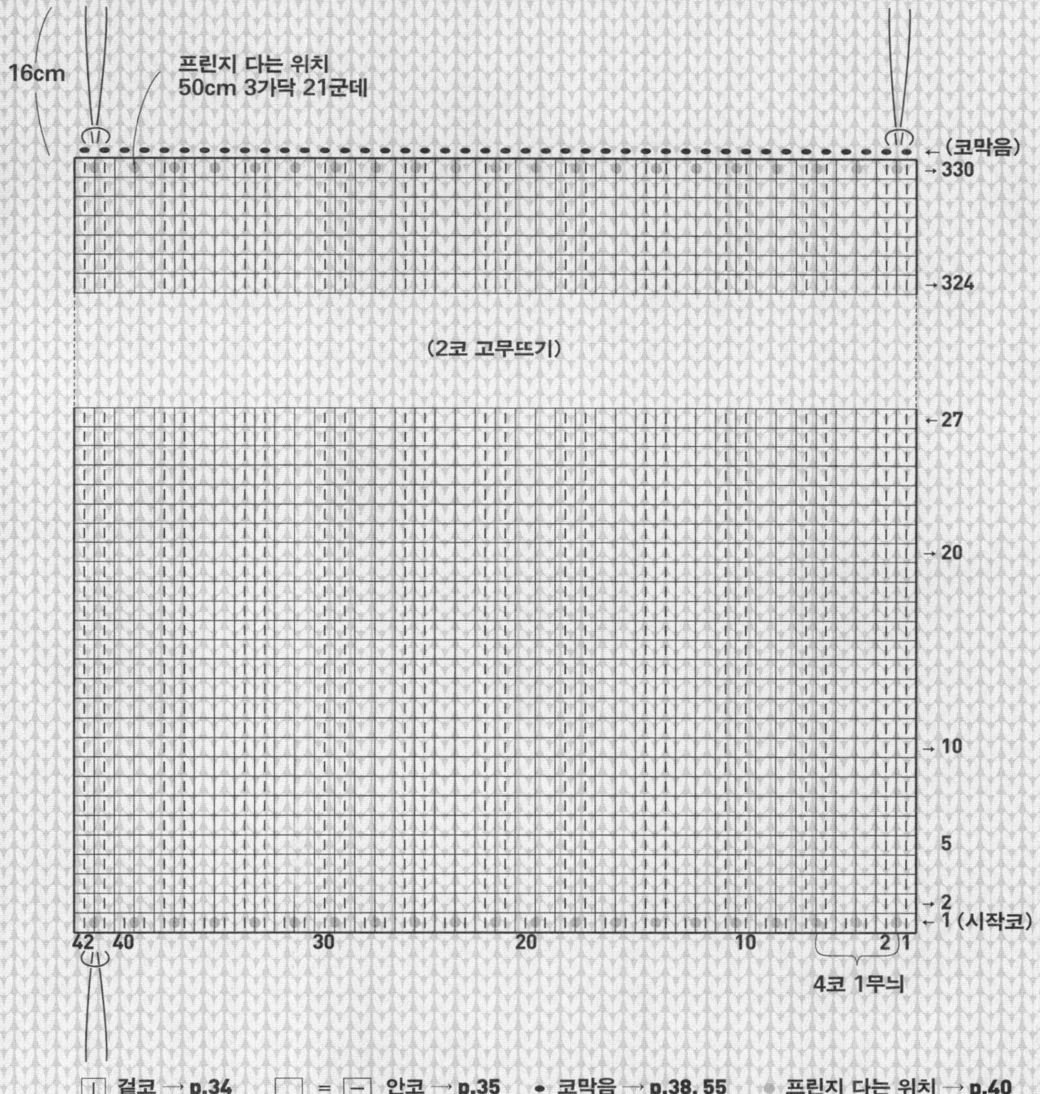

16cm

프린지 다는 위치
50cm 3가닥 21군데

→ (코막음)
→ 330
→ 324

(2코 고무뜨기)

→ 27
→ 20
→ 10
→ 5
→ 2
→ 1 (시작코)

42 40   30   20   10   2 1

4코 1무늬

| 걸코 → **p.34**   = — 안코 → **p.35**   • 코막음 → **p.38, 55**   • 프린지 다는 위치 → **p.40**

손가락으로 만드는 시작코

가장 일반적인 시작코 만드는 방법으로 대바늘에 손가락으로 실을 걸며 코를 만듭니다. 주로 대바늘 2개를 사용하여 만들며 고무뜨기처럼 시작코를 조이고 싶은 작품의 경우에는 1개로 만들어도 좋습니다.

❶ 실 끝에서 시작코 폭의 4배(폭이 20cm라면 80cm) 정도 되는 부분에서 고리를 만든다.

❷ 고리 안으로 실을 끌어낸다.

❸ 실 끝 쪽의 실을 조인다.

❹ 바늘 2개를 오른손으로 잡은 뒤 고리에 바늘을 넣는다(이 첫 고리도 1코로 센다).

❺ 왼손의 검지와 엄지로 실을 벌린다.

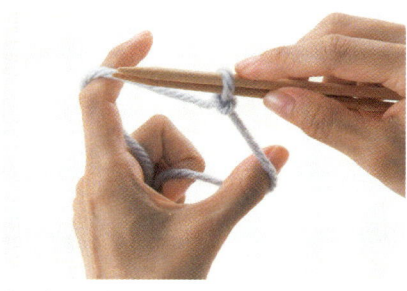

❻ 실 2가닥을 왼손으로 가볍게 잡는다. 1코를 완성한 모습.

❼ 손목을 돌려서 손바닥을 앞쪽으로 향하게 한다.

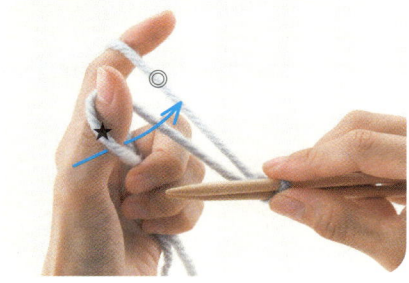

❽ 엄지 앞쪽의 실 ★에 아래쪽에서 바늘을 넣고 위쪽으로 들어올린다.

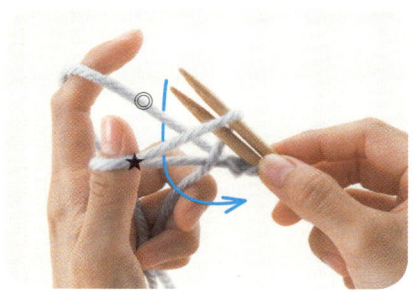

❾ 검지 앞쪽의 실 ◎을 바늘에 건 뒤 뒤쪽에서 실 ★에 통과시키면서 끌어낸다.

손가락으로 만드는 시작코

❾의 도중에 바늘을 실 ◎에 걸고 있는 모습.

❿ 실 ★의 아래쪽에서 끌어낸 모습.

⓫ 엄지에서 실 ★을 빼낸다.

POINT

⓬ 손가락을 벌려서 실을 조인다. 실은 너무 잡아당기지 않도록 주의한다.

⓭ 2코 완성한 모습.

⓮ ❽~⓬를 반복하여 필요한 수만큼 코를 만든다.

⓯ 시작코를 10코 완성한 모습.

⓰ 바늘 2개 중에 1개를 빼낸다.

⓱ 시작코를 완성한 모습. 바늘을 1개 빼내면 그만큼 코가 느슨해져 뜨기 쉬워진다. 이 시작코를 1단으로 센다.

시작코가 느슨해지거나 당겨질 땐 어떻게 할까?

뜨개질을 처음 시작할 때는 자신의 손힘이 어느 정도인지 알기 어렵습니다. 많이 당겨지지 않도록 똑같은 힘으로 실을 조이는 것이 요령입니다. 구슬 달린 2개짜리 막대바늘을 사용하면 구슬이 방해가 될 수 있으므로, 뜨기 어려울 것 같다면 4개짜리 바늘을 2개 사용하면 좋습니다. 몇 번 정도 하다보면 어느새 익숙해질 것입니다.

겉코(또는 겉뜨기)

바늘을 실의 앞쪽에 넣어서 끌어냅니다.
안쪽에서 보면 안코가 됩니다.

❶ 실을 바늘 뒤쪽에 둔다. 화살표처럼 바늘을 넣는다.

❷ 화살표처럼 오른쪽 바늘에 뒤쪽의 실을 건다.

❸ 뒤쪽에서 앞쪽으로 실을 끌어낸다.

❹ 실을 끌어낸 모습.

❺ 왼쪽 바늘에서 1코 빼낸다. 겉코를 1코 완성한 모습. 겉코를 뜨는 것을 '겉뜨기'라고 부른다.

안코(또는 안뜨기)

| — |

바늘을 실의 뒤쪽에 넣어서 끌어냅니다.
겉쪽에서 보면 겉코가 됩니다.

❶ 실을 바늘 앞쪽에 둔다. 화살표처럼 바늘을 넣는다.

❷ 화살표처럼 오른쪽 바늘에 실을 건다.

❸ 꼬이지 않도록 앞쪽에서 뒤쪽으로 실을 끌어낸다.

❹ 실을 끌어낸 모습.

❺ 왼쪽 바늘에서 1코 빼낸다. 안코를 1코 완성한 모습. 안코를 뜨는 것을 '안뜨기'라고 부른다.

코막음 (메리야스뜨기의 경우)

대바늘만을 사용하는 일반적인 코 막는 법.
메리야스뜨기와 고무뜨기에서도 요령은 같습니다.
코막음은 1단으로 세지 않습니다.

❶ 겉쪽에서 막는다. 마지막 단을 다 뜨고 나면 다음 단의 끝 2코를 겉코로 뜬다.

❷ 왼쪽 바늘을 사용하여 오른쪽 바늘에 걸려 있는 2개의 고리 중 오른쪽 고리를 왼쪽 고리에 덮어씌운다.

❸ 1코 막은 모습.

❹ 다음 코를 겉코로 뜬 뒤 오른쪽의 고리를 덮어씌운다.

❺ 이것을 반복하여 끝까지 코막음을 한다. 안쪽에서 실 처리(▶p.39)를 한다.

코막음 (안메리야스뜨기의 경우)

메리야스뜨기의 코막음과 같은 방법으로 안코로 막아 나갑니다.

❶ 마지막 단을 다 뜨고 나면 다음 단의 끝 2코를 안코로 뜬다.

❷ 왼쪽 바늘을 사용하여 오른쪽 바늘에 걸려 있는 2개의 고리 중에 오른쪽 고리를 왼쪽 고리에 덮어씌운다.

❸ 1코 막은 모습.

❹ 다음 코를 안코로 뜬 뒤 오른쪽 고리를 덮어씌운다.

❺ 이것을 반복하여 끝까지 코막음을 한다. 안쪽에서 실 처리(▶p.39)를 한다.

코막음(1코 고무뜨기의 경우)

대바늘만을 사용하는 일반적인 코 막는 법.
메리야스뜨기와 고무뜨기에서도 요령은 같습니다.
코막음은 1단으로 세지 않습니다.

❶ 겉쪽에서 막는다. 마지막 단을 다 뜨고 나면 다음 단의 끝코를 겉코로 뜬 뒤 그 다음 코를 안코로 뜬다.

❷ 안코를 뜨고 있는 모습.

❸ 왼쪽 바늘을 사용하여 오른쪽 고리를 왼쪽 고리에 덮어씌운다.

❸에서 오른쪽 고리를 덮어씌우고 있는 모습. 아랫단이 겉코일 때는 겉뜨기를, 안코일 때는 안뜨기를 뜬다.

❹ 이것을 반복하여 끝까지 코막음을 한다. 안쪽에서 실 처리(▶p.39)를 한다.

* 2코 고무뜨기의 경우에도 같은 방법으로 코막음을 할 수 있습니다.

실 처리

편물을 다 뜨고 나면
실이 풀리지 않도록 코에 실을 통과시켜서 조이고
돗바늘을 사용하여 실 처리를 합니다.

❶ 마지막 코에서부터 20cm 정도 떨어진 부분에서 실을 자른다.

❷ 마지막 코에 손가락을 건 뒤 실 끝을 잡는다.

❸ 실 끝을 마지막 코 사이로 통과시킨다.

❹ 실을 잡아당겨서 조인다.

❺ 실 끝을 돗바늘에 끼운다.

❻ 편물의 끝코에 바늘을 넣은 뒤 실을 아래쪽으로 끼워가며 잡아당긴다. 3~4코 통과시킨다.

❼ 한 번 더 위쪽을 향해 끼워가며 실을 잡아당긴다.

❽ 실을 자른다.

프린지 다는 법

머플러나 스톨 등을 만들 때 끝부분에 프린지(장식 술)를 다는 간단한 방법을 소개합니다.
프린지 길이의 2배 정도로 자른 실을 필요한 가닥수만큼 준비한 뒤 코바늘로 겉쪽부터 달아줍니다.

• 프린지 다는 위치

❶ 머플러의 끝코에 코바늘을 넣는다.

❷ 반으로 접은 프린지용 실에 코바늘을 건 뒤 실을 끌어낸다.

❸ 실을 끌어낸 모습.

❹ 프린지 두 가닥의 끝부분을 모아서 코바늘에 건 뒤 실 끝까지 모두 빼낸다.

❺ 길이를 맞춰서 조인다.

❻ 프린지를 모두 달고 나면 똑같은 길이로 잘라서 가지런히 맞춘다.

* 작품에 맞는 위치에 프린지를 답니다.

손뜨개 Memo

● 뜨개코를 고르게 정리하는 방법

처음에는 코가 깔끔하게 정리되지 않고 삐뚤빼뚤하게 보이는 경우가 있습니다. 그럴 때는 편물에 다리미로 스팀을 쐬어주면 코가 정리됩니다.

❶ 코가 고르지 못한 편물 ❷ 다리미의 스팀만을 쐬어준다. ❸ 편물을 풀어주듯이 잡아당긴다. ❹ 코가 가지런해진다.

● '코막음'과 '고무뜨기 막기'의 차이

다 뜬 코를 막는 방법에는 몇 가지가 있습니다. 대표적인 것은 '코막음'으로 손쉽게 할 수 있으며 다양한 뜨개법에 사용할 수 있습니다. 고무뜨기에는 '고무뜨기 막기'를 사용하면 신축성이 있어서 마무리도 깔끔하나 약간 난이도가 높기 때문에 초보자는 코막음으로 처리하는 것이 좋습니다. 코막음한 부분은 잘 늘어나지 않으나 약간 느슨하게 막도록 하세요.

'코막음'으로 막은 모습   '고무뜨기 막기'로 막은 모습

● 털실용 돗바늘에 실을 끼우는 방법

털실용 돗바늘에는 커다란 바늘귀가 나 있지만 털실을 실 끝 쪽부터 끼우는 것은 어려우므로 오른쪽에 나와 있는 방법을 사용하여 끼우도록 합니다.

❶ 털실 사이에 돗바늘을 끼운 뒤 털실을 반으로 접는다. 접은 부분을 손가락으로 꽉 누른다.   ❷ 그 상태에서 바늘을 빼내고, 실의 방향을 바꿔서 접은 부분부터 바늘귀에 꿴다.

믹스실을 사용하여 완전히 다른 느낌 연출하기

p.26의 '고무뜨기로 뜬 머플러 a'를 떴던 2코 고무뜨기를 세 가지 타입의 믹스실로 떠보았습니다. 왼쪽 위의 스트레이트 얀과 비교하면 촉감이나 뜨개코의 걸모습의 차이를 알 수 있습니다. 믹스실은 뜨개코가 눈에 잘 띄지 않기 때문에 코가 고르지 않거나 틀린 부분이 있어도 잘 알지 못하는 초보자가 사용하면 좋습니다. 단, 털 길이가 길면 바늘에서 코가 빠지더라도 알 수 없기 때문에 몇 단 간격으로 코를 세며 주의해야 합니다.

a 스트레이트 얀(straight yarn)

가장 기본적인 편물. 신축성이 좋고 올록볼록한 凹凸(요철)무늬가 뚜렷하기 때문에 겉뜨기의 세로 라인이 두드러져 깔끔해 보인다. 다양한 아이템에 어울린다.

b 루프 얀(loop yarn)

늘어선 고리(루프)가 사랑스러운, 부드러운 촉감의 루프 얀으로 뜬 편물. 부드러운 만큼 뜨개지의 신축성은 떨어지며 세로 라인도 두드러지지 않아서 부드러운 느낌이 있다. 뜨개바늘에 고리가 걸리지 않도록 주의해서 뜬다.

c 슬러브 얀(slub yarn)

실에 굵은 부분과 가는 부분이 있어서 뜨개코의 크기가 달라 보이는 독특한 편물이 만들어진다. 뜨개법이 단순해도 소박한 멋이 나지만 신축성은 떨어진다.

d 퍼 얀(fur yarn)

뜨개코는 거의 보이지 않고 모피처럼 고급스러움을 연출할 수 있다. 단, 뜨개코를 세기가 힘들고 털 길이가 길어서 뜨개바늘에 걸리기 쉬우므로 초보자에게는 적합하지 않다.

무늬뜨기로 뜬 머플러

겉뜨기와 안뜨기로만 만드는 간단한 바탕무늬

대바늘뜨기의 기본이 되는 겉뜨기와 안뜨기, 이 두 가지를 매치하기만 해도 다채로운 무늬를 만들 수 있습니다.
여기서는 뜨개코가 갖는 특징을 살려 입체적으로 보이도록 블록 모양으로 배치했습니다.
끝부분과 밑단이 둥글게 말리지 않아서 머플러를 만들 때 가장 적합합니다.
스트레이트 얀과 가는 모헤어 얀을 합쳐서 두 가닥으로 뜨기 때문에
부드러운 질감과 함께 산뜻한 느낌을 연출할 수 있습니다.

● 주요 사용 테크닉
손가락으로 만드는 시작코
걸뜨기
안뜨기
2가닥

● 재료
실　하마나카 엑시드울 M (중세 타입) 새먼핑크색(111) 130g
　　하마나카 실크 모헤어 파르페 (극세 타입) 옅은 오렌지색(11) 60g
바늘 8호 구슬 달린 2개짜리 막대바늘, 털실용 돗바늘

● 게이지
무늬뜨기 24코×30단(10cm×10cm)

● 사이즈
폭 24cm, 길이 140cm

전체 도안

● 실은 2가닥으로 뜬다　▶ p.152

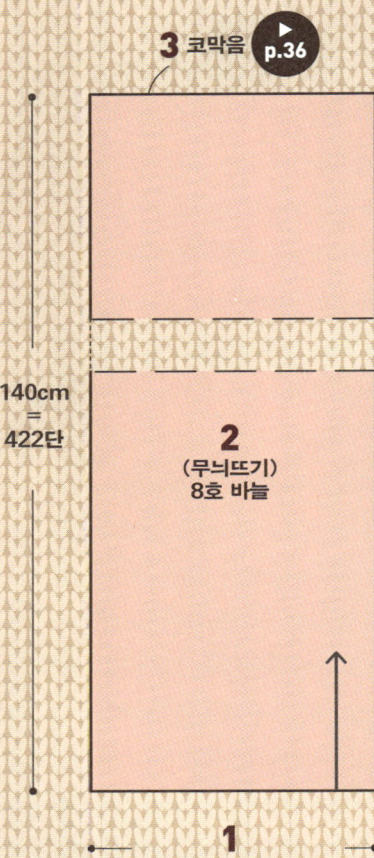

3 코막음　▶ p.36

140cm = 422단

2 (무늬뜨기) 8호 바늘

1
24cm=58코
손가락으로 만드는 시작코
▶ p.32

뜨개 순서

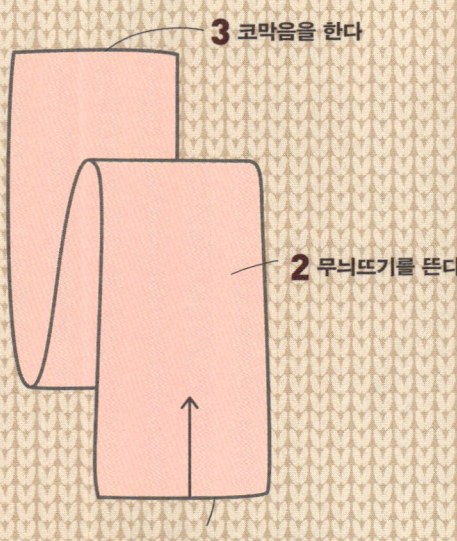

3 코막음을 한다
2 무늬뜨기를 뜬다
1 시작코를 만든다

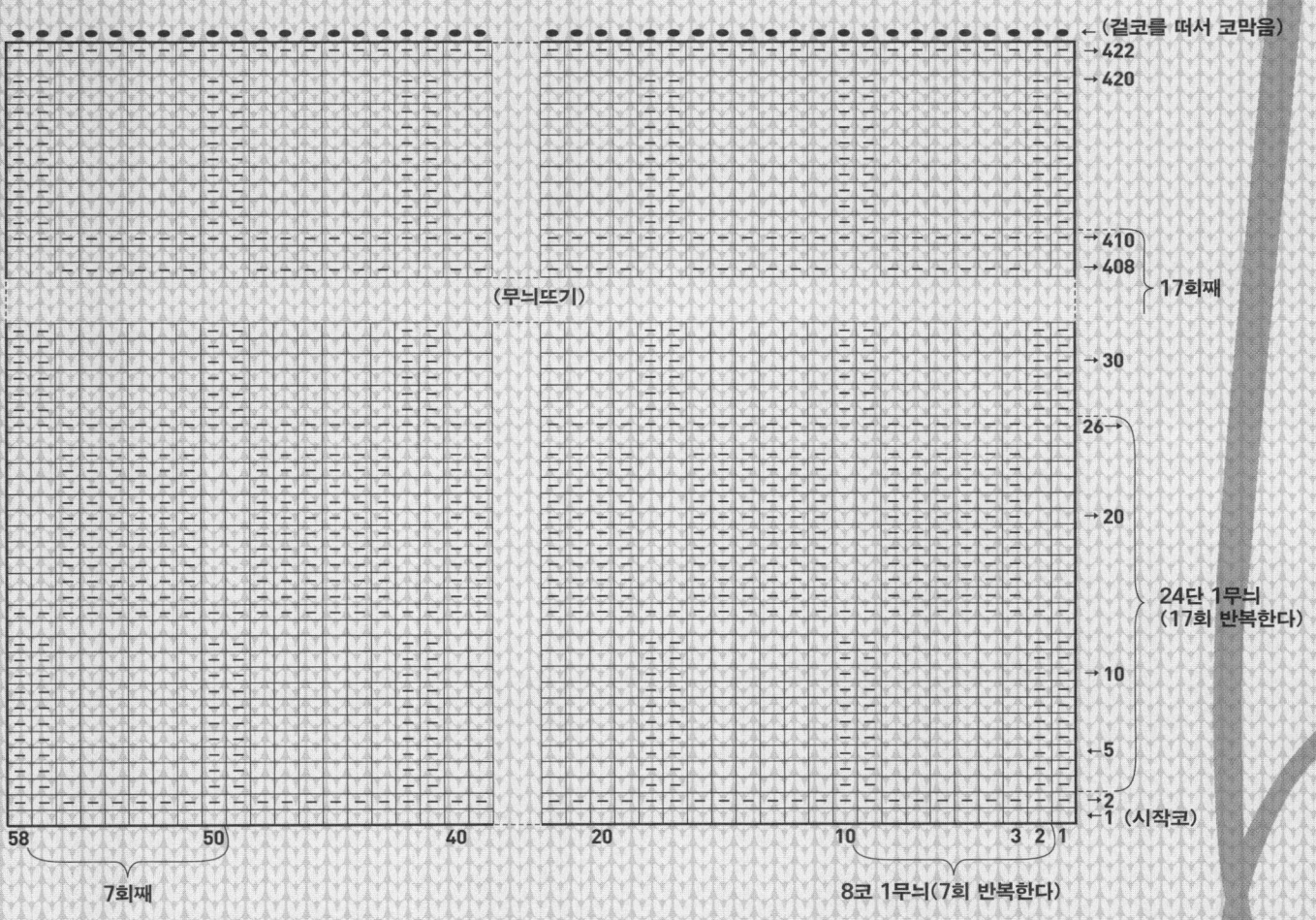

겉뜨기와 안뜨기만을 사용하여 만드는 여러 가지 뜨개지

대바늘뜨기의 대표라고 할 수 있는 기본적인 뜨개지 6가지 타입을 소개합니다. 겉코(▶p.34)와 안코(▶p.35)를 규칙적으로 늘어놓았을 뿐이지만 각각 다른 특징을 지니며 그것을 살린 아이템이나 파트에 사용됩니다. 이 6가지 타입을 통해 나오는 변형 스타일도 다양합니다. 머플러, 모자 등의 아이템에서부터 옷에 이르기까지 수많은 아이템에 등장하기 때문에 여기서 미리 알아두도록 하세요.

a 메리야스뜨기

 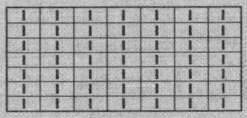

겉코만이 늘어선 대바늘뜨기의 기본이 되는 뜨개지. 겉뜨기, 겉메리야스뜨기라고도 불린다. 보더나 배색뜨기 등의 기본으로도 사용된다. 뒤집으면 안메리야스뜨기가 된다.

b 안메리야스뜨기

안코만이 늘어선 뜨개지로 메리야스뜨기와 함께 대바늘뜨기의 기본이 되는 뜨개지. 안뜨기라고도 불린다. 메리야스뜨기보다도 요철감이 있으며 소박한 느낌이 있다. 뒤집으면 메리야스뜨기가 된다.

c 1코 고무뜨기

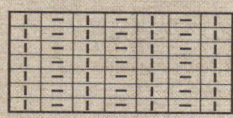

겉코 1코, 안코 1코, 겉코 1코의 순으로 반복하여 뜬 뜨개지. 겉코가 안코보다 앞쪽으로 나오기 때문에 그 이름대로 신축성이 있어서 옷의 밑단이나 소맷부리, 칼라, 모자 등에 주로 사용된다.

d 2코 고무뜨기

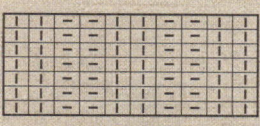

겉코 2코, 안코 2코, 겉코 2코의 순으로 반복하여 뜬 뜨개지. 1코 고무뜨기보다 신축성이 좋으며 입체감이 있어서 세로 라인이 깔끔해 보인다. 옷의 소맷부리, 칼라 등에 주로 사용된다.

e 가터뜨기

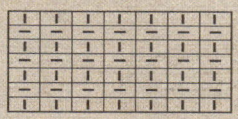

겉코와 안코가 1단씩 번갈아 늘어선 뜨개지. 왕복뜨기의 경우에는 겉코만 뜨면 되기 때문에 초보자에게 가장 적합하다. 세로방향으로 신축성이 있기 때문에 머플러에 사용하면 목 주변을 확실하게 감쌀 수 있다.

f 멍석뜨기

겉코와 안코를 코와 단에서 번갈아 늘어놓은 뜨개지. 사진은 1코 1단의 멍석뜨기. 코와 단의 수를 바꾸면 다양하게 변형할 수 있다. 끝부분이 말리지 않기 때문에 머플러 등에 좋다.

돌려뜨기
(겉뜨기의 경우)

조작한 단의 1단 아래의 코가 돌려뜨기가 된다.

❶ 실은 바늘의 뒤쪽에 둔다. 오른쪽 바늘을 화살표처럼 코의 뒤쪽에서 넣는다.

❷ 바늘을 넣은 모습.

❸ 오른쪽 바늘에 실을 걸어서 끌어낸다.

❹ 실을 끌어낸 모습.

❺ 왼쪽 바늘에서 1코 빼낸다. 1단 아래에 돌려뜨기를 완성한 모습.

돌려뜨기
(안뜨기의 경우)

조작한 단의 1단 아래의 코가 돌려뜨기가 된다.

❶ 실은 바늘의 앞쪽에 둔다. 오른쪽 바늘을 화살표처럼 넣는다.

❷ 바늘을 넣은 모습.

❸ 오른쪽 바늘에 실을 걸어서 뒤쪽으로 끌어낸다.

❹ 실을 끌어낸 모습.

❺ 왼쪽 바늘에서 1코 빼낸다. 1단 아래에 돌려뜨기를 1코 완성한 모습.

걸러뜨기(또는 미끄럼코)

안쪽

❶ 실을 바늘의 뒤쪽에 둔다. 화살표처럼 바늘을 넣는다.

❷ 바늘을 넣은 모습.

❸ 왼쪽 바늘에서 1코 빼낸다. 미끄럼코를 1코 완성한 모습.

❹ 다음 코를 뜬다.

❺ 안쪽으로 실이 걸쳐진 상태가 된다.

걸러뜨기(안뜨기의 경우)

걸러뜨기(또는 미끄럼코) / 걸러뜨기(안뜨기의 경우)

❶ 실을 바늘의 뒤쪽에 둔다. 화살표처럼 바늘을 넣는다.

❷ 바늘을 넣은 모습.

❸ 왼쪽 바늘에서 1코 빼낸다. 미끄럼코를 1코 완성한 모습.

❹ 다음 코를 뜬다.

❺ 안쪽으로 실이 걸쳐진 상태가 된다.

걸기코(또는 바늘비우기)

◯

❶ 실은 바늘의 뒤쪽에 둔다. 오른쪽 바늘 앞쪽에서 화살표처럼 실을 건다.

❷ 걸어놓은 실을 오른손 검지로 누른다.

❸ 다음 코를 겉코로 뜬다. 걸기코를 1코 완성한 모습.

❹ 다음 단에서는 걸기코를 안코로 뜬다.

❺ 안쪽에서 본 모습.

코막음

❶ 겉쪽에서 막는다. 마지막 단을 다 뜨고 나면 다음 단의 끝 2코를 겉코로 뜬다.

❷ 왼쪽 바늘을 사용하여 오른쪽 바늘에 걸려 있는 2개의 고리 중 오른쪽 고리를 왼쪽 고리에 덮어씌운다.

❸ 1코 막은 모습.

영국 고무뜨기

안쪽

걸코를 끌어올리면서 뜨는 2단 1무늬의 고무뜨기입니다.
안쪽 단에서 걸코를 뜰 때 2코를 한꺼번에 뜨는 것이 포인트입니다.

❶ 첫째 단. 끝에서부터 겉코와 안코를 뜬다.

❷ 걸기코(▶p.54)를 한 뒤 다음 겉코는 뜨지 않고 오른쪽 바늘로 옮긴다.

❸ 다음 코는 안코로 뜬다.

❹ 걸기코를 한 뒤 다음 겉코를 뜨지 않고 오른쪽 바늘로 옮긴다. 이것을 반복하여 단의 마지막 코는 걸기코를 하지 않고 겉코를 뜬다.

❺ 끝까지 뜬 모습.

❻ 둘째 단. 뜨개지를 뒤집은 뒤 끝코는 안코로, 다음 코는 겉코로 뜬다.

❼ 다음 코는 오른쪽 바늘을 뒤쪽에서 넣은 뒤 옮긴 코와 걸기코를 함께 안코로 뜬다.

❼을 뜨고 있는 모습.

❽ 걸어뜨기를 1코 뜬 모습. 이것을 반복하여 끝까지 뜨되 끝코는 안코로 뜬다. 같은 방법으로 반복하여 계속해서 뜬다.

변형 1코 고무뜨기

겉코를 돌려뜨기로 뜨는 고무뜨기입니다.
안쪽을 보면서 돌려뜨기를 할 때
돌리는 방향이 반대가 되지 않도록 주의합니다.

❶ 첫째 단. 끝코를 겉코로, 다음 코를 안코로 뜬다.

❷ 다음 겉코를 돌려뜨기의 겉코(▶p.50)로 뜬다.

❸ ❷를 뜨고 있는 모습.

❸ 겉코의 돌려뜨기를 완성한 모습. 다음의 안코는 돌리지 않고 그대로 뜬다. 이것을 반복하여 끝까지 뜬다.

❹ 1단 뜬 모습. 단의 마지막 코는 돌리지 않고 겉코를 뜬다.

❺ 둘째 단. 뜨개지를 뒤집은 뒤 끝코는 안코로, 다음 코는 겉코로 뜬다.

❻ 다음 안코를 돌려뜨기의 안코(▶p.51)로 뜬다.

❻을 뜨고 있는 모습.

❼ 안코의 돌려뜨기를 완성한 모습. 이것을 반복하여 끝까지 뜬다. 단의 마지막 코는 돌리지 않고 겉코를 뜬다.

아란무늬 머플러

코를 교차시켜서 만드는 '꽈배기무늬'의 변형

교차뜨기의 조합으로 생기는 꽈배기무늬에, 나무열매처럼 보이는 팝콘뜨기를 더한 아란무늬 머플러입니다.
뜰수록 입체감이 나타나서 손뜨개의 즐거움을 느낄 수 있습니다.
무늬뜨기 주위의 변형 고무뜨기는 보통의 고무뜨기보다 코가 꽉 차 보이고 가장자리가 잘 퍼지지 않아
무늬뜨기의 입체감이 더욱 두드러집니다.

● 주요 사용 테크닉
오른코 위 2코 교차뜨기
팝콘뜨기
왼코 위 2코 교차뜨기
변형 1코 고무뜨기

● 재료
실　하마나카 소노모노 알파카 울(극태 타입)
　　아이보리색(41) 280g
바늘　12호 구슬 달린 2개짜리 막대바늘, 꽈배기바늘, 털실용 돗바늘

● 게이지
무늬뜨기 35코 15cm×21단 10cm

● 사이즈
폭 18cm, 길이 150cm

전체 도안

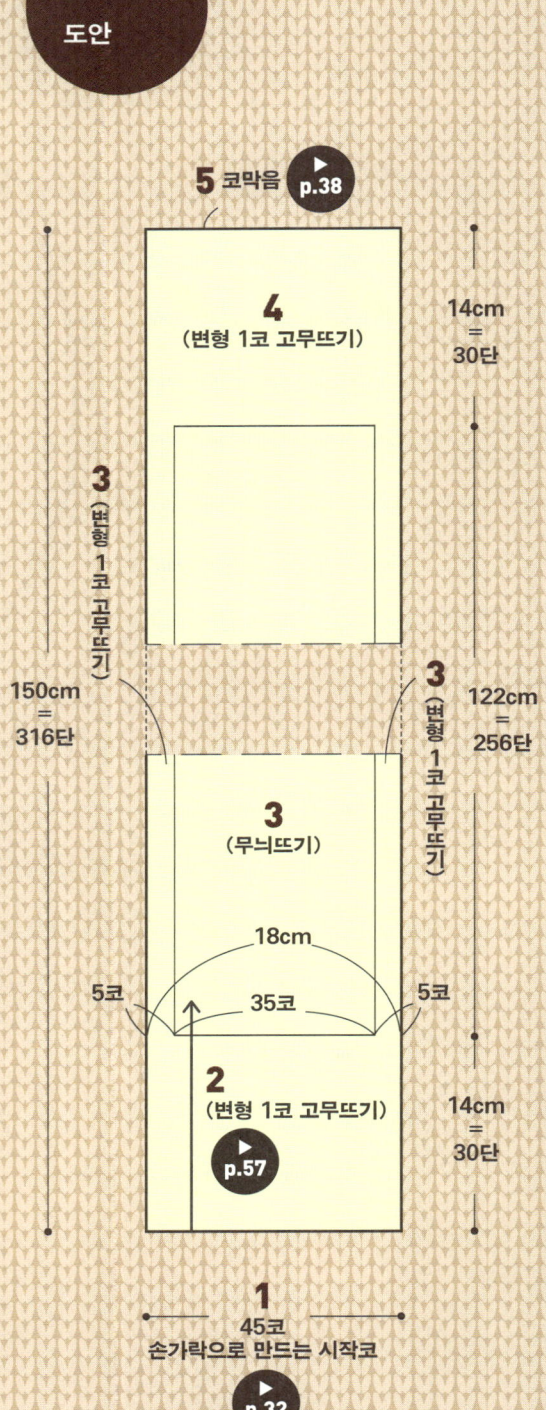

- 5 코막음 ▶ p.38
- 4 (변형 1코 고무뜨기) — 14cm = 30단
- 3 (변형 1코 고무뜨기) — 150cm = 316단 / 122cm = 256단
- 3 (무늬뜨기) — 18cm, 35코, 5코, 5코
- 2 (변형 1코 고무뜨기) ▶ p.57 — 14cm = 30단
- 1 45코 손가락으로 만드는 시작코 ▶ p.32

뜨개 순서

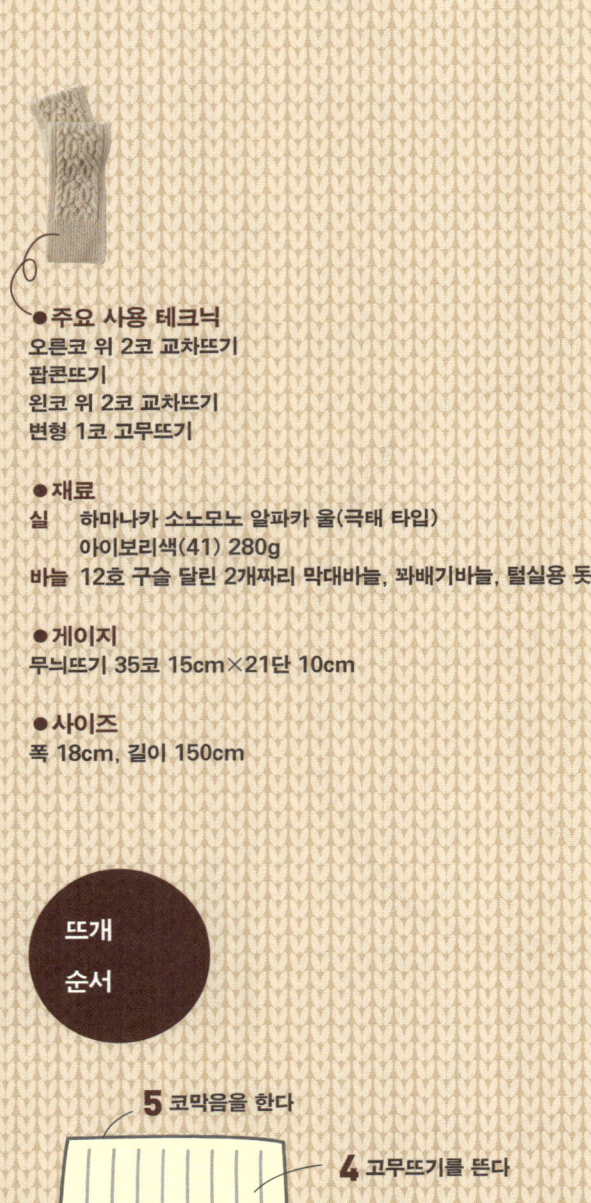

- 5 코막음을 한다
- 4 고무뜨기를 뜬다
- 3 무늬뜨기와 고무뜨기를 뜬다
- 2 고무뜨기를 뜬다
- 1 시작코를 만든다

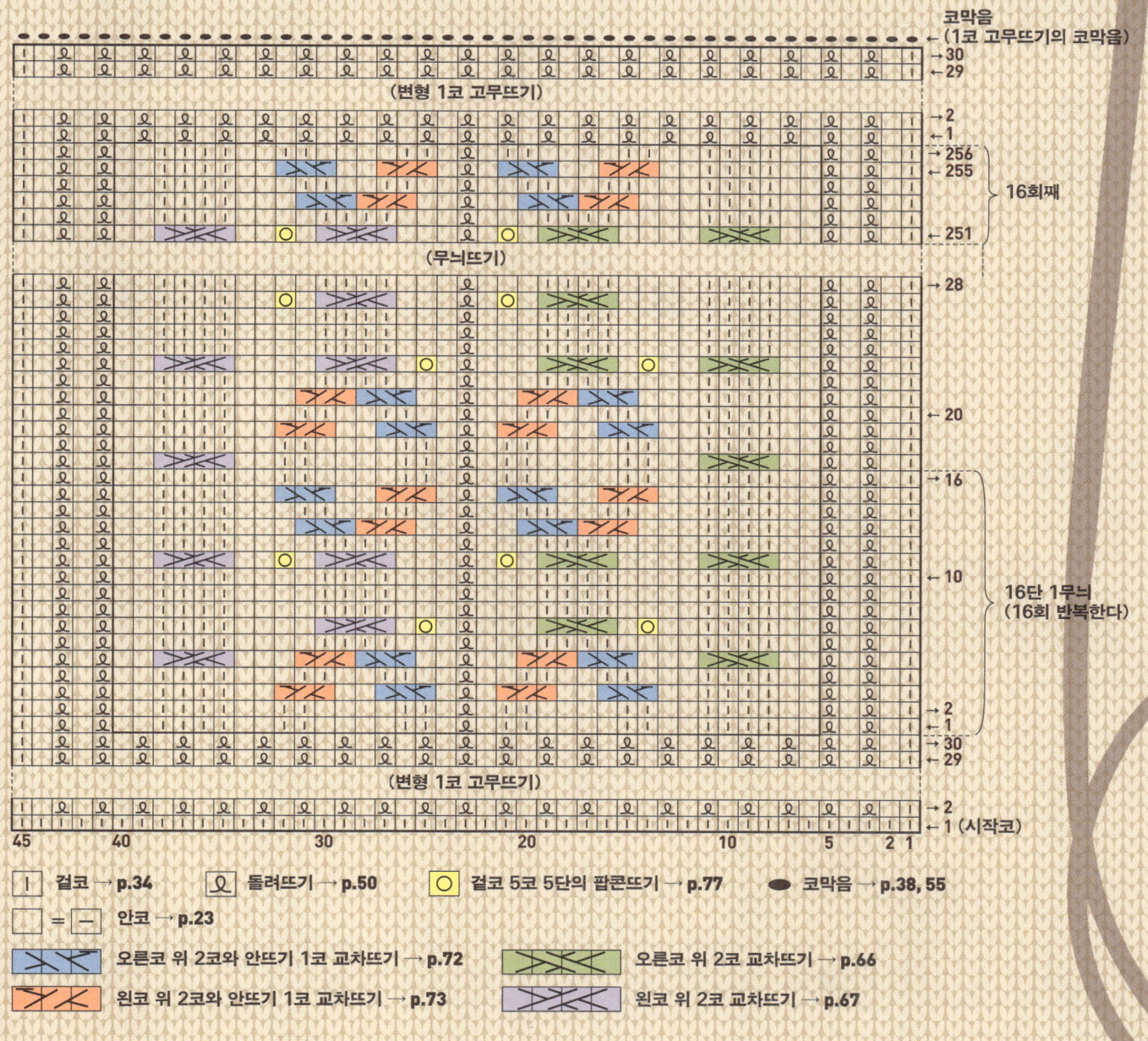

오른코 교차뜨기

꽈배기바늘(▶p.13)을 사용하는 방법과 사용하지 않고 뜨는 방법이 있습니다.

꽈배기바늘을 사용하지 않고 뜨는 방법

❶ 교차시킬 2코 중 왼쪽 코(↓)에, 오른쪽 바늘을 뒤쪽에서 넣는다. 왼쪽 바늘을 교차시킬 2코에서 일단 빼낸다.

❷ 오른쪽 코가 풀리지 않도록 앞쪽에서 왼쪽 바늘로 되돌린다.

❸ 오른쪽 바늘의 코를 왼쪽 바늘로 되돌린다.

❹ 교차시킬 2코 중 좌우의 코가 바뀌어 넣어진 모습.

❺ 겉코로 2코 뜬다.

❻ 오른코 교차뜨기를 완성한 모습.

꽈배기바늘을 사용하여 뜨는 방법

❶ 교차시킬 2코 중 오른쪽 코를 꽈배기바늘로 옮긴 뒤 뜨개지의 앞쪽에 둔다.

❷ 왼쪽 코를 겉코로 뜬다.

❸ 꽈배기바늘에 걸려 있는 코를 겉코로 뜬다.

뜨개기호 — 오른코 교차뜨기

왼코 교차뜨기

꽈배기바늘을 사용하지 않고 뜨는 방법

❶ 교차시킬 2코 중 왼쪽 코에, 오른쪽 바늘을 앞쪽에서 넣는다.

❷ 바늘을 넣은 모습.

❸ 왼쪽 바늘을 교차시킬 2코에서 일단 빼낸다. 코가 풀어지지 않도록 주의하면서 오른쪽 코를 뒤에서 왼쪽 바늘로 되돌린다.

❹ 오른쪽 바늘의 코를 왼쪽 바늘로 되돌린다.

❺ 교차시킬 2코 중 좌우의 코가 바뀌어 넣어진 모습. 겉코로 2코 뜬다.

❻ 왼코 교차뜨기를 완성한 모습.

꽈배기바늘을 사용하여 뜨는 방법

❶ 교차시킬 2코 중 오른쪽 코를 꽈배기바늘로 옮긴 뒤 뜨개지의 뒤쪽에 둔다.

❷ 왼쪽 코를 겉코로 뜬다.

뜨개기호 왼코 교차뜨기

❸ 꽈배기바늘에 걸려 있는 코를 겉코로 뜬다.

오른코 위 2코 교차뜨기
(또는 2:2 꽈배기뜨기)

❶ 교차시킬 4코 중 위쪽이 될 오른쪽 2코를 꽈배기바늘로 옮긴 뒤 뜨개지 앞쪽에 둔다.

❷ 아래쪽이 될 왼쪽의 2코를 먼저 겉코로 뜬다. 바늘에 걸려 있는 순서대로 뜬다.

❸ 꽈배기바늘에 걸려 있는 위쪽이 될 2코를 겉코로 뜬다.

❸을 뜨고 있는 모습.

❹ 오른코 위 2코 교차뜨기를 완성한 모습.

왼코 위 2코 교차뜨기

❶ 교차시킬 4코 중 아래쪽이 될 오른쪽 2코를 꽈배기바늘로 옮긴 뒤 뜨개지의 뒤쪽에 둔다.

❷ 위쪽이 될 왼쪽의 2코를 먼저 겉코로 뜬다. 바늘에 걸려 있는 순서대로 뜬다.

❸ 꽈배기바늘에 걸려 있는, 아래쪽이 될 2코를 겉코로 뜬다.

❸을 뜨고 있는 모습.

❹ 왼코 위 2코 교차뜨기를 완성한 모습.

※ 꽈배기바늘(▶p.13)을 1개 사용한다. 조작하는 단의 1단 아래의 코가 교차된다.

오른코 위 3코 교차뜨기

❶ 교차시킬 6코 중 위쪽이 될 오른쪽 3코를 꽈배기바늘로 옮긴다.

❷ 꽈배기바늘은 뜨개지 앞쪽에 둔다.

❸ 아래쪽이 될 왼쪽의 3코를 먼저 겉코로 뜬다. 바늘에 걸려 있는 순서대로 뜬다.

❹ 꽈배기바늘에 걸려 있는 위쪽이 될 3코를 겉코로 뜬다.

❺ 오른코 위 3코 교차뜨기를 완성한 모습.

왼코 위 3코 교차뜨기

❶ 교차시킬 6코 중 아래쪽이 될 오른쪽 3코를 꽈배기바늘로 옮긴다.

❷ 꽈배기바늘은 뜨개지 뒤쪽에 둔다.

❸ 위쪽이 될 왼쪽의 3코를 먼저 겉코로 뜬다. 바늘에 걸려 있는 순서대로 뜬다.

❹ 꽈배기바늘에 걸려 있는, 아래쪽이 될 3코를 겉코로 뜬다.

❺ 왼코 위 3코 교차뜨기를 완성한 모습.

오른코 위 2코와 1코 교차뜨기
(2코가 앞쪽)

❶ 교차시킬 3코 중 위쪽이 될 오른쪽 2코를 꽈배기바늘로 옮긴 뒤 뜨개지 앞쪽에 둔다.

❷ 아래쪽이 될 왼쪽 1코를 먼저 겉코로 뜬다.

❸ 꽈배기바늘에 걸려 있는, 위쪽이 될 2코를 겉코로 뜬다.

❸을 뜨고 있는 모습.

❹ 오른코 위 2코와 1코 교차뜨기를 완성한 모습.

오른코 위 2코와 1코 교차뜨기
(1코가 앞쪽)

❶ 교차시킬 3코 중 위쪽이 될 오른쪽 1코를 꽈배기바늘로 옮긴 뒤 뜨개지 앞쪽에 둔다.

❷ 아래쪽이 될 왼쪽 2코를 먼저 겉코로 뜬다. 바늘에 걸려 있는 순서대로 뜬다.

❷를 뜨고 있는 모습.

❸ 꽈배기바늘에 걸려 있는, 위쪽이 될 1코를 겉코로 뜬다.

❹ 오른코 위 2코와 1코 교차뜨기를 완성한 모습.

※ 모두 꽈배기바늘(▶p.13)을 1개 사용한다. 조작하는 단의 1단 아래의 코가 교차된다.

오른코 위 2코와 안뜨기 1코 교차뜨기

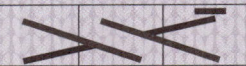

① 교차시킬 3코 중 위쪽이 될 오른쪽 2코를 꽈배기바늘로 옮긴 뒤 뜨개지 앞쪽에 둔다.

② 아래쪽이 될 왼쪽 1코를 먼저 안코로 뜬다.

③ 안코를 완성한 모습.

④ 꽈배기바늘에 걸려 있는, 위쪽이 될 2코를 겉코로 뜬다.

⑤ 오른코 위 2코와 안뜨기 1코 교차뜨기를 완성한 모습.

왼코 위 2코와 안뜨기 1코 교차뜨기

❶ 교차시킬 3코 중 아래쪽이 될 오른쪽 1코를 꽈배기바늘로 옮긴 뒤 뜨개지 뒤쪽에 둔다.

❷ 위쪽이 될 왼쪽 2코를 먼저 겉코로 뜬다. 바늘에 걸려 있는 순서대로 뜬다.

❸ 꽈배기바늘에 걸려 있는, 아래쪽이 될 1코를 안코로 뜬다.

❹ 왼코 위 2코와 안뜨기 1코 교차뜨기를 완성한 모습.

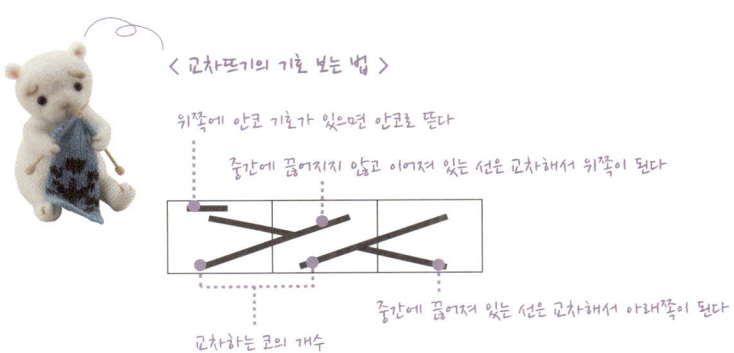

〈 교차뜨기의 기호 보는 법 〉

위쪽에 안코 기호가 있으면 안코로 뜬다
중간에 끊어지지 않고 이어져 있는 선은 교차해서 위쪽이 된다
중간에 끊어져 있는 선은 교차해서 아래쪽이 된다
교차하는 코의 개수

오른코 위 2코 교차뜨기
(사이에 안뜨기 2코 넣기)

꽈배기바늘을 2개 사용한다.

❶ 교차시킬 4코 중 위쪽이 될 오른쪽 2코를 꽈배기바늘로 옮긴 뒤 뜨개 앞쪽에 둔다. 교차시키지 않는 한가운데의 2코를 다른 꽈배기바늘로 옮긴다.

❷ 두 번째 꽈배기바늘은 뜨개지 뒤쪽에 둔다. 아래쪽이 될 왼쪽 2코를 겉코로 뜬다.

❸ 코를 뜬 모습. 뒤쪽에 두었던 꽈배기바늘을 잡고, 한가운데의 2코를 안코로 뜬다.

❹ 코를 뜬 모습. 앞쪽에 쉬어두었던 꽈배기바늘에 걸려 있는 위쪽이 될 2코를 겉코로 뜬다.

❺ 사이에 안뜨기를 2코 넣은 오른코 위 2코 교차뜨기를 완성한 모습.

왼코 위 2코 교차뜨기
(사이에 안뜨기 2코 넣기)

꽈배기바늘을 2개 사용한다.

① 교차시킬 4코 중 아래쪽이 될 오른쪽 2코를 꽈배기바늘로 옮긴 뒤 뜨개지 뒤쪽에 둔다.

② 교차시키지 않는 한가운데의 2코를 다른 꽈배기바늘로 옮긴 뒤 뜨개지 뒤쪽에 둔다. 위쪽이 될 왼쪽 2코를 겉코로 뜬다.

③ 코를 뜬 모습. 계속해서 뒤쪽에 놓아두었던 꽈배기바늘을 잡고 실을 바늘의 앞쪽에 둔 뒤 한가운데의 2코를 안코로 뜬다.

④ 코를 뜬 모습. 앞쪽에 쉬어두었던 꽈배기바늘에 걸려 있는, 위쪽이 될 2코를 겉코로 뜬다.

⑤ 사이에 안뜨기를 2코 넣은 왼코 위 2코 교차뜨기를 완성한 모습.

팝콘뜨기
(겉코 3코 3단)

여기서는 3코 3단의 팝콘뜨기를 설명합니다.
뜨개법과 코와 단의 수는 뜨개도안에 따릅니다.

❶ 팝콘뜨기를 뜰 위치에서, 겉코를 뜨는 요령으로 바늘을 넣어서 실을 끌어낸다.

❷ 코는 왼쪽 바늘에서 빼내지 않고 둔다. 오른쪽 바늘로 걸기코(▶p.54)를 한 뒤 계속해서 동일한 코에 한 번 더 바늘을 넣는다. 실을 걸어서 끌어낸 뒤 코를 빼낸다.

❸ 오른쪽 바늘에 3코분의 고리가 걸려 있다.

❹ 뜨개지를 뒤집은 뒤 왼쪽 바늘에 걸려 있는 3코를 안코로 뜬다.

❺ 3코를 안코로 뜬 모습.

❻ 뜨개지를 겉으로 뒤집은 뒤 오른쪽 2코에 앞쪽에서 한꺼번에 바늘을 넣어서 오른쪽 바늘로 옮긴다.

❼ 셋째 코를 겉코로 뜬다.

❽ 오른쪽 2코를 함께 ❼의 셋째 코에 덮어씌운다.

❾ 덮어씌운 모습.

팝콘뜨기
(겉코 5코 5단)

콧수, 단수, 뜨개코의 종류를 다양하게 변형할 수 있습니다.

❶ 겉코를 뜨는 요령으로 바늘을 넣어서 실을 끌어낸다.

❷ 코는 왼쪽 바늘에서 빼내지 않고 둔다. 오른쪽 바늘로 걸기코(▶p.54)를 한 뒤 계속해서 ❶과 동일한 코에 한 번 더 바늘을 넣는다. 실을 걸어서 끌어낸다.

❸ ❷를 반복하여 5코분의 고리를 만든 뒤 코를 빼낸다.

❹ 둘째 단. 뜨개지를 뒤집은 뒤 5코를 안코로 뜬다. 이후에 2단, 5단을 뜬다.

❺ 다섯째 단. 오른쪽 3코에 앞쪽에서 한꺼번에 바늘을 넣는다.

❻ ❺의 3코를 뜨지 않고 오른쪽 바늘로 옮긴다.

❼ 코를 옮긴 모습.

❽ 왼쪽 2코에 한꺼번에 바늘을 넣어서 겉코를 뜬다.

❾ 코를 뜬 모습.

⑩ 오른쪽 바늘에서 1코씩 코를 덮어씌운다.

⑪ 5코 5단의 팝콘뜨기를 완성한 모습.

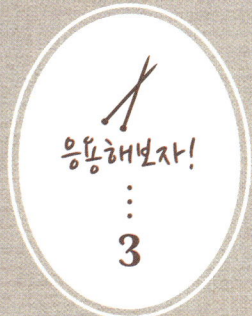

교차뜨기로 만드는 여러 가지 꽈배기무늬

대바늘뜨기는 기본 테크닉만 익혀두면 다양한 뜨개지를 뜰 수 있습니다. 그 중에서도 교차뜨기는 교차시키는 코의 수나 교차 방향 등을 변형하여 다양한 무늬를 만들 수 있기 때문에 응용하면 좋은 테크닉입니다. 1코×1코의 교차뜨기를 사용한 a는 입체감이 크게 두드러지지 않는 섬세한 꽈배기무늬입니다. b와 c는 전혀 다른 무늬지만 둘다 2코 교차뜨기의 조합만으로 생기는 무늬입니다.

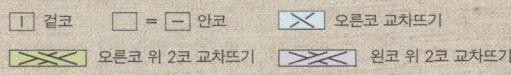

a 1코×1코의 교차뜨기

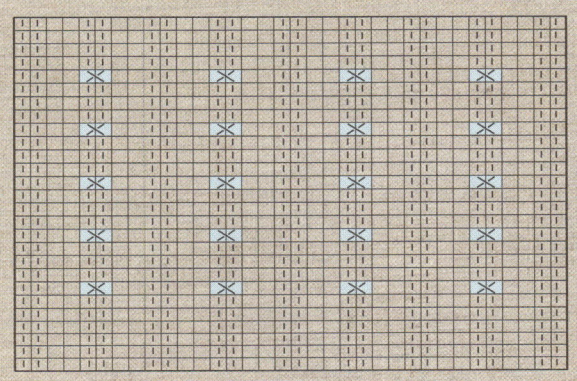

b 2코×2코의 교차뜨기로 만드는 좌우대칭 무늬

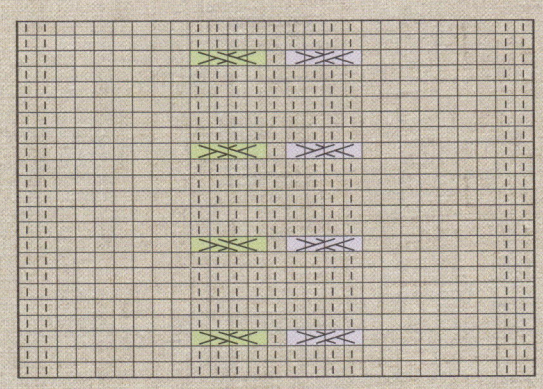

c 2코×2코의 교차뜨기로 만드는 세 가닥 땋기 무늬

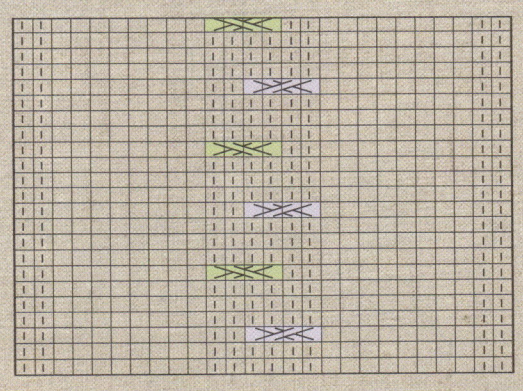

배색뜨기로 뜬 스톨

메리야스뜨기로 색을 바꾸면서 무늬 만들기

에스닉 무늬를 떠 넣은 스톨입니다.
1단의 중간에서 실을 바꾸어 무늬를 넣으면서 떠 나갑니다.
안쪽에 걸쳐진 실이 조여지거나 느슨해지지 않게 하는 것이 깔끔하게 완성하는 포인트입니다.
밑단부터 뜬 2장의 뜨개지를 무늬가 좌우 대칭이 되도록 중앙에서 '감아서 잇기'로 연결합니다.
완성작품은 직사각형이지만 앞쪽에 토글 단추를 달아서 조끼처럼 걸쳐 입을 수 있습니다.

● **주요 사용 테크닉**
배색뜨기(안쪽으로 실을 걸치는 경우)
감아서 잇기

● **재료**
실　하마나카 소프티 트위드(병태 타입)
　　갈색(9) 210g, 연지색(6) 50g, 파란색(4) 25g, 연두색(11) 25g
바늘　6호 구슬 달린 2개짜리 막대바늘, 털실용 돗바늘
그 외　길이 6cm의 토글 단추 3개

● **게이지**
가터뜨기 21코×35단(10cm×10cm)
메리야스뜨기 21코×25단(10cm×10cm)

● **사이즈**
폭 29cm, 길이 160cm

뜨개 순서

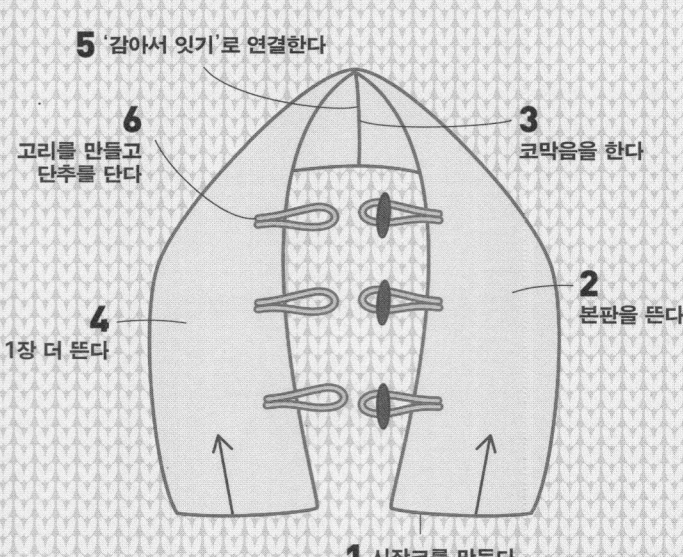

5 '감아서 잇기'로 연결한다
6 고리를 만들고 단추를 단다
3 코막음을 한다
4 1장 더 뜬다
2 본판을 뜬다
1 시작코를 만든다

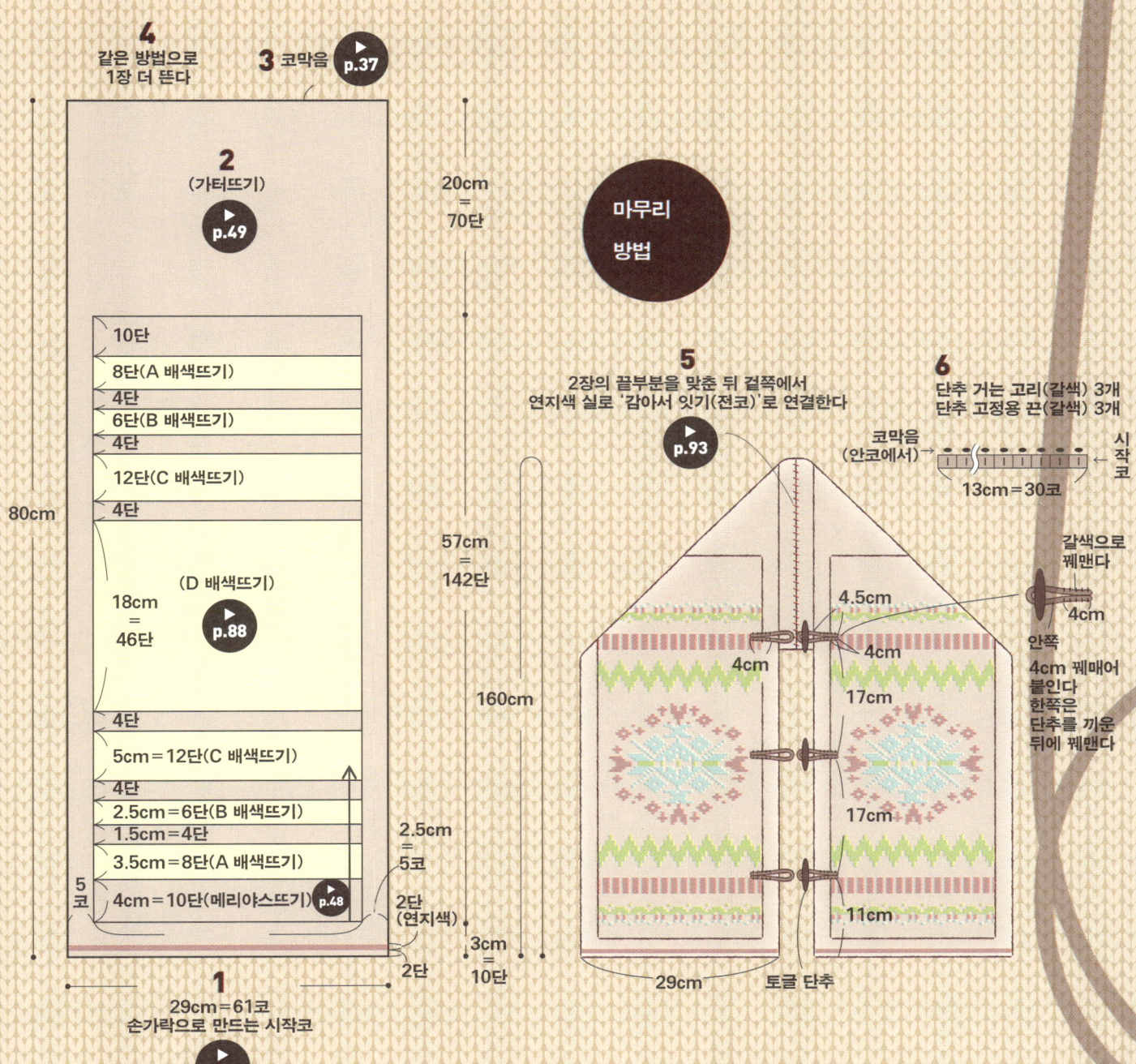

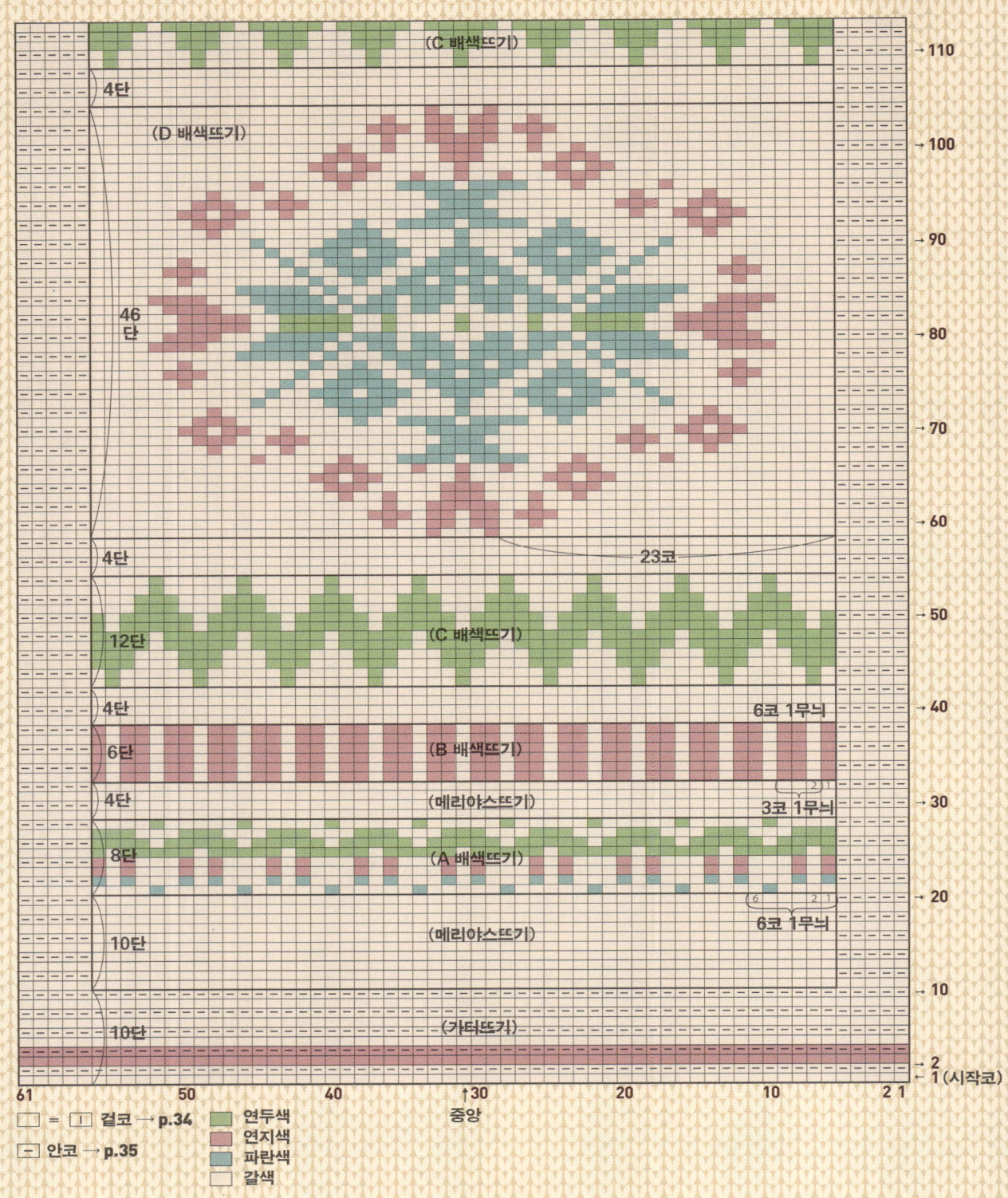

2단마다 색 바꾸기
(가로줄무늬의 경우)

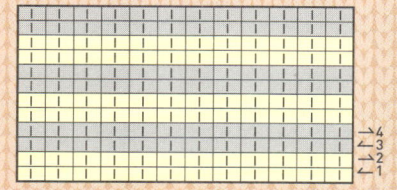

줄무늬는 2~4단 간격이라면
실을 자르지 않고 걸치면서 뜰 수 있습니다.

❶ 실은 뜨개지의 끝에서 바꾼다. 다음에 뜰 실을 왼손에 건 뒤 오른손으로 바늘과 실 끝을 잡는다. 아랫단의 실은 쉬어둔다. 실 끝은 15cm 남겨둔다.

❷ 첫째 코를 뜬다.

❸ 1코를 뜬 모습. 계속해서 뜬다.

❹ 2, 3코 뜨고 나면 오른손의 실 끝을 놓아둔다. 계속해서 2단 뜬다.

❺ 2단 뜬 모습. 한 번 더 실을 바꾼다. 쉬어두었던 실을 뜨고 있던 실의 위쪽으로 걸쳐서 왼손에 건다. 뜨고 있던 실은 쉬어두고 오른손으로 잡는다.

❻ 첫째 코를 뜬 모습. 걸쳐져 있는 실을 너무 잡아당기지 않는다. 계속해서 2단 뜬다.

❼ 한 번 더 실을 바꾼다. 다음에 뜰 실을 쉬어두었던 실의 위쪽으로 걸친다.

❽ 첫째 코를 뜬 모습.

※ 안쪽에서 본 모습. 한쪽에만 세로로 실이 걸쳐져 있다.

1단마다 3색 바꾸기
(가로줄무늬의 경우)

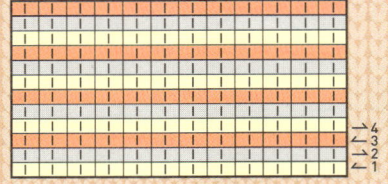

3색 등 홀수로 배색하고 싶을 때는 단수도 홀수로 하면 동일한 끝부분에서 실을 바꿀 수 있습니다.

❶ 실은 뜨개지의 끝에서 바꾼다. 다음에 뜰 실을 왼손에 건 뒤 오른손으로 바늘과 실 끝을 잡는다. 아랫단의 실은 쉬어둔다. 실 끝은 15cm 남기고 1단 뜬다.

❷ 1단 뜬 모습. 뜨개지를 뒤집은 뒤 ❶과 같은 방법으로 실을 바꾼다.

❸ 1단 뜬 모습.

❹ 뜨개지를 뒤집는다. 2단 아래에서 쉬어두었던 실을 왼손에 걸어서 뜬다.

❺ 실이 세로로 걸쳐진다. 걸쳐져 있는 실을 너무 잡아당기지 않는다. 1단 뜬다.

❻ 계속해서 1단마다 실을 바꾸면서 뜬다.

※ 안쪽에서 본 모습. 양쪽 끝에서 실이 세로로 걸쳐져 있다.

4코마다 색 바꾸기
(세로줄무늬의 경우)

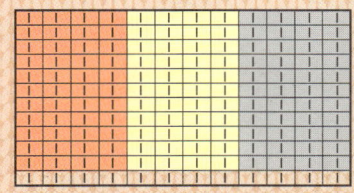

세로줄무늬를 만들 때는 코마다 매단, 배색을 바꿉니다.
여기서는 4코마다 바꾸는 배색을 예로 들어 설명합니다.

❶ 시작코를 만든 뒤 색을 바꾸면서 첫째 단을 뜬다. 여기서는 '별도의 실로 뜨는 시작코(▶p.152)'로 시작코를 만들었다.

❷ 둘째 단. 색을 바꿀 위치에서, 다음에 뜰 실과 뜨고 있는 실을 뜨개지 앞쪽에서 1번 얽는다.

❸ 다음에 뜰 실로 계속해서 뜬다.

❹ 한 번 더 색을 바꿀 위치에서, 다음에 뜰 실과 뜨고 있는 실을 앞쪽에서 1번 얽는다.

❺ 계속해서 뜬다. 끝까지 뜨고 나면 겉으로 뒤집어서 다음 단을 뜬다.

❻ 색을 바꿀 위치에서, 다음에 뜰 실과 뜨고 있는 실을 뜨개지 뒤쪽에서 1번 얽는다. 이때, 안코일 때와는 얽는 방향이 다르므로 주의한다.

❼ 계속해서 뜬다.

❽ 코를 다 뜬 모습.

❋ 안쪽에서 본 모습.

배색뜨기
(안쪽으로 실을 걸치는 경우)

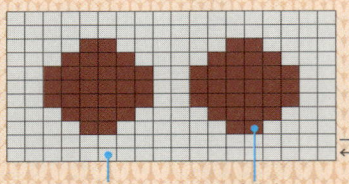
바탕실　　배색실

두 가지 색상의 실을 여러 코 간격으로 바꿀 경우
두 가닥의 실을 안쪽으로 걸치면서 뜹니다.
바탕실과 배색실을 얽어가면서 뜨는 것이 포인트입니다.

실을 걸치는 길이가 짧은 경우

❶ 뜨개도안을 보며 실을 바꾸면서 뜬다. 배색실을 뜨기 시작하는 부분에서는 실 끝을 15cm 정도 남긴 뒤 뜨기 시작한다.

❷ 2코 뜬 모습. 배색실을 손에서 놓은 뒤 바탕실을 배색실 위쪽으로 걸쳐 왼손에 걸어서 뜬다.

❸ 바탕실을 뜬 모습. 다음에는 배색실을 뜬다. 바탕실의 아래쪽으로 배색실을 걸친다.

❹ 배색실을 뜬다. 이것을 반복하여 뜨개도안대로 뜬다.

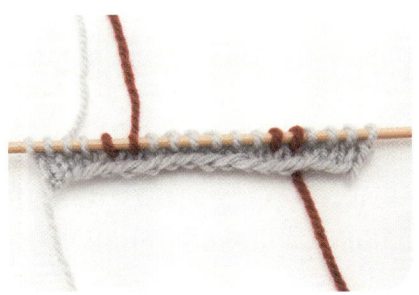

❺ 끝까지 뜬 모습.

POINT
❻ 안쪽에서 본 모습. 걸쳐진 바탕실의 아래쪽에 배색실이 걸쳐져 있다. 실은 너무 느슨하거나 당겨지지 않고 뜨개지에 가볍게 붙을 수 있도록 한다.

❼ 다음 단을 뜬다. 배색실로 바꾸기 전까지 바탕실로 뜬다.

POINT
❽ 실이 걸쳐져 있지 않은 부분에서 배색실을 뜨는 경우 뜨기 전에 바탕실과 배색실을 1번 얽고 나서 뜬다.

❾ 뜨개도안대로 실을 바꾸면서 계속해서 뜬다.

❿ 셋째 단의 시작부분. 둘째 단과 같은 방법으로, 실이 걸쳐져 있지 않은 부분에서 배색실로 바꿀 때는 한번 실을 얽는다.

⓫ 셋째 단을 뜬 모습.

⓬ 안쪽. 걸치는 실의 위아래 방향에 주의하면 안쪽도 깔끔해 보인다.

실을 걸치는 길이가 긴 경우

❶ 실을 뜨개지의 안쪽으로 길게 걸치는 경우 도중에 뜨개지에 얽어두면 느슨해지지 않고 옷을 입을 때도 걸리지 않는다.

❷ 배색실을 5코 이상 걸치는 경우 셋째 코의 바탕실을 뜨고 나서 배색실을 한번 교차시킨다.

❸ 계속해서 바탕실을 뜬다. 배색실은 코를 뜨지 않는다.

❹ 뜨개도안대로 계속해서 뜬다.

❺ 배색실을 도중에 얽으면서 1단 뜬 모습.

❻ 안쪽에서 본 모습.

배색뜨기
(안쪽으로 실을 걸치지 않는 경우)

다음에 뜰 코와의 간격이 긴 경우에는 안쪽으로 실을 걸치면 실이 걸리거나 당겨지므로 실을 걸치지 않고 뜹니다. 여기서는 알기 쉽도록 바탕실(b)을 다른 색으로 떴습니다.

바탕실(b)　배색실　바탕실(a)

배색실의 코가 늘어나는 도안의 경우

❶ 실을 바꿀 위치까지 오면 배색실로 뜬다.

❷ 바탕실(b)을 따로 하나 더 준비하여 다음 코를 뜬다. 계속해서 끝까지 바탕실(b)로 뜬다.

❸ 첫째 단을 뜬 모습. 뜨개지를 뒤집은 뒤 다음 단을 뜬다.

❹ 둘째 단. 실을 바꿀 위치에서 바탕실(b)과 배색실을 뜨개지 앞쪽에서 1번 얽는다.

❺ 1코 뜬 뒤 배색실과 바탕실(a)을 뜨개지 앞쪽에서 1번 얽어서 뜬다.

❻ 셋째 단. 실을 바꿀 위치에서 바탕실(a)과 배색실을 뜨개지 뒤쪽에서 1번 얽는다.

❼ 배색실로 3코 뜬다.

❽ 실을 바꿀 위치에서 바탕실(b)과 배색실을 뜨개지 뒤쪽에서 1번 얽는다.

❾ 이것을 반복하여 배색뜨기를 뜬다.

❿ 실이 바뀔 위치에서 실을 얽고 나서 뜬다.

※ 안쪽에서 본 모습.

배색실의 코가 줄어드는 도안의 경우

❶ 실을 바꿀 위치에서, 바탕실(a)과 배색실을 뜨개지 뒤쪽에서 1번 얽는다.

❷ 실을 얽고 있는 모습.

❸ 실을 바꿀 위치에서, 배색실과 바탕실(b)을 뜨개지 뒤쪽에서 1번 얽는다.

❹ 실을 얽고 있는 모습.

❺ 계속해서 바탕실(b)로 뜬다. 이것을 반복하여 배색뜨기를 뜬다.

❻ 실이 바뀔 위치에서 실을 얽고 나서 뜬다.

❼ 다 뜬 모습.

※ 안쪽에서 본 모습.

감아서 잇기

털실용 돗바늘을 사용하여 뜨개지끼리 연결하는 심플한 연결 방법. 뜨개지의 가로와 세로 어느 부분에서도 사용할 수 있으며 응용이 가능합니다. 단, 이은 코가 눈에 잘 띄기 때문에 스웨터의 옆선을 이을 때 등에는 적합하지 않습니다.

❶ 뜨개지를 잇고자 하는 장소를 서로 맞춰둔다. 털실용 돗바늘에 실을 끼운 뒤 각 편물의 첫째 코에 바늘을 넣는다.

❷ 실을 잡아당긴다. 실 끝은 15cm 정도 남긴다(매듭은 만들지 않는다).

❸ 첫째 코와 같은 방법으로 둘째 코끼리 맞춰서 바늘을 넣는다.

❹ 실을 잡아당긴다.

❺ 반복하며 이어 나간다. 실이 당겨지는 정도를 고르게 하면 이은 코가 깔끔하게 정리된다.

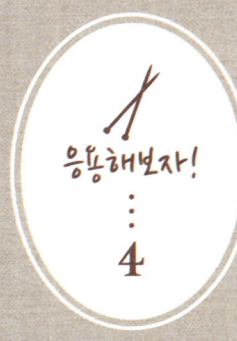
응용해보자! 4

배색뜨기로 표현하는 여러 가지 도안

메리야스뜨기는 걸코가 규칙적으로 늘어서 있기 때문에 방안용지 등을 사용하여 도안을 그릴 수 있습니다. 여기서는 작은 무늬를 반복하여 만들 수 있는 도안들을 소개합니다. 연속무늬로 하거나 무늬 하나로 포인트를 주는 등 다양한 아이템에 사용할 수 있습니다. 단, 게이지에 따라 무늬의 균형이 바뀔 수 있으니 반드시 시험 삼아 미리 떠본 뒤에 만들도록 하세요.

a 물방울

b 클로버

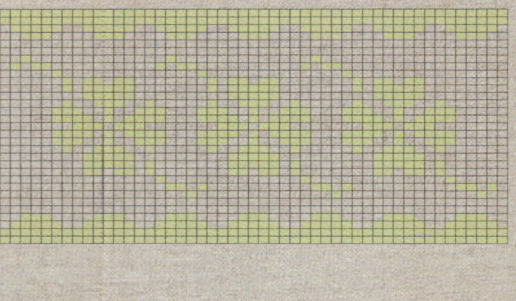

c 작은 꽃들

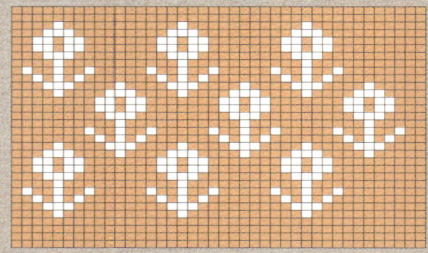

d 아이들

e 참새들

f 꽃다발

g
램프

h
꽃밭

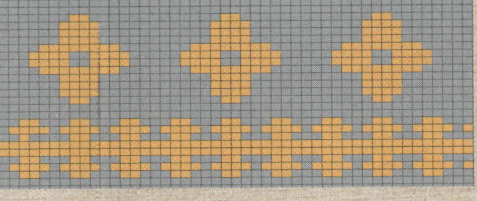

손뜨개 Memo

● **'쉼코'란?**

다 뜨고 난 코를 막거나 계속 뜨지 하지 않고 그대로 남겨둔 뒤 다른 부분을 뜨는 것을 '코를 쉬어둔다'고 하며, 쉬어둔 코를 '쉼코'라고 부릅니다. 쉼코는 풀리지 않도록 실이나 안전핀(풀림막음핀)에 옮겨둔 뒤 나중에 주워서 계속 뜨거나 막도록 합니다. '빼뜨기 잇기'를 하는 어깨나, 장갑의 엄지를 뜰 때 많이 사용됩니다.

● **한 타래를 다 뜨고 나서 새로운 실타래로 이어서 뜨려면?**

왕복뜨기의 경우에는 뜨개지의 끝부분에서 새로운 실타래로 바꿉니다. 이 때, 실을 묶지 않도록 합니다. 각각의 실 끝을 20cm 정도 남겨둔 뒤 마지막에 처리(▶p.39)합니다.
원형뜨기의 경우에는 1단을 다 뜨고 난 위치에서 실을 바꿉니다. 실을 묶지 않고 마지막에 처리하는 것은 왕복뜨기와 동일하나 겉쪽에서 보이지 않도록 주의해야 합니다.
일반적으로 뜨개질을 할 때는 실을 묶지 않으나 불안하다면 '매듭(▶p.104)'으로 처리하세요.

● **'꿰매기'와 '잇기'는 어떻게 다를까?**

단과 단을 연결할 때는 '꿰매기', 코와 코를 연결할 때는 '잇기'라고 부릅니다. 연결하는 위치에만 차이가 있기 때문에 '감아서 잇기'와 '감아서 꿰매기'의 방법은 똑같습니다.
꿰맨 코나 이은 코가 눈에 잘 띄지 않도록 할 때, 실이 너무 굵은 경우에는 실의 꼬임을 풀어 실을 나누어 가늘게 하거나 비슷한 색상의 실 중 약간 가는 실을 사용하면 깔끔하게 완성할 수 있습니다.

꽈배기무늬 넥워머

빙 둘러 뜨는 원형뜨기만 익혀두면 간단히 뜰 수 있는 아이템

줄바늘을 사용하여 원통형으로 빙 둘러 뜬 넥워머.
뜨개지가 원형으로 되어 있는 경우 계속 겉쪽을 보면서 뜨개도안대로 뜨기만 하면 되기 때문에
뜨개질에 익숙하지 않은 사람이 뜨기에 편하답니다.
교차뜨기와 고무뜨기를 매치한 뜨개지는 신축성이 있으며
목둘레에 딱 맞기 때문에 깔끔해 보입니다.
재킷이나 코트에 매치해서 멋스럽게 연출할 수 있습니다.

● **주요 사용 테크닉**
시작코를 만들어 원형으로 뜨기
오른코 위 2코 교차뜨기

● **재료**
실　하마나카 미드 필 (태 타입) 남색(110) 140g
바늘　7호 40cm 줄바늘, 꽈배기바늘, 털실용 돗바늘

● **게이지**
무늬뜨기 28코×28단(10cm×10cm)

● **사이즈**
목둘레 51cm, 길이 28.5cm

전체 도안

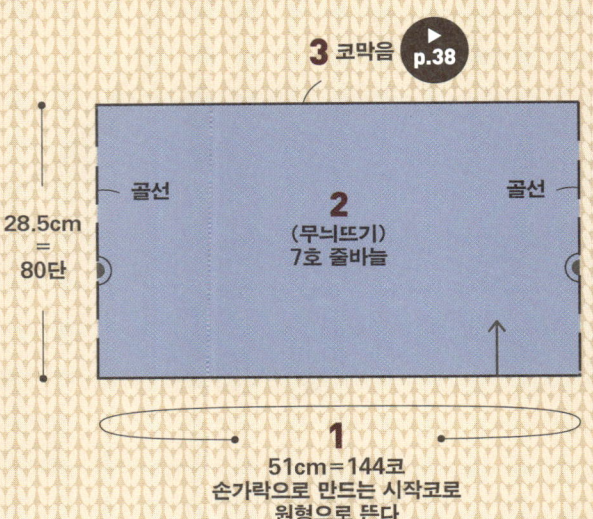

3 코막음 ▶ p.38

골선　**2** (무늬뜨기) 7호 줄바늘　골선

28.5cm = 80단

1 51cm = 144코
손가락으로 만드는 시작코로
원형으로 뜨다
▶ p.103

뜨개 순서

3 코막음을 한다

2 무늬뜨기를 뜬다

1 시작코를 만들어 원형으로 뜨다

뜨개 도안

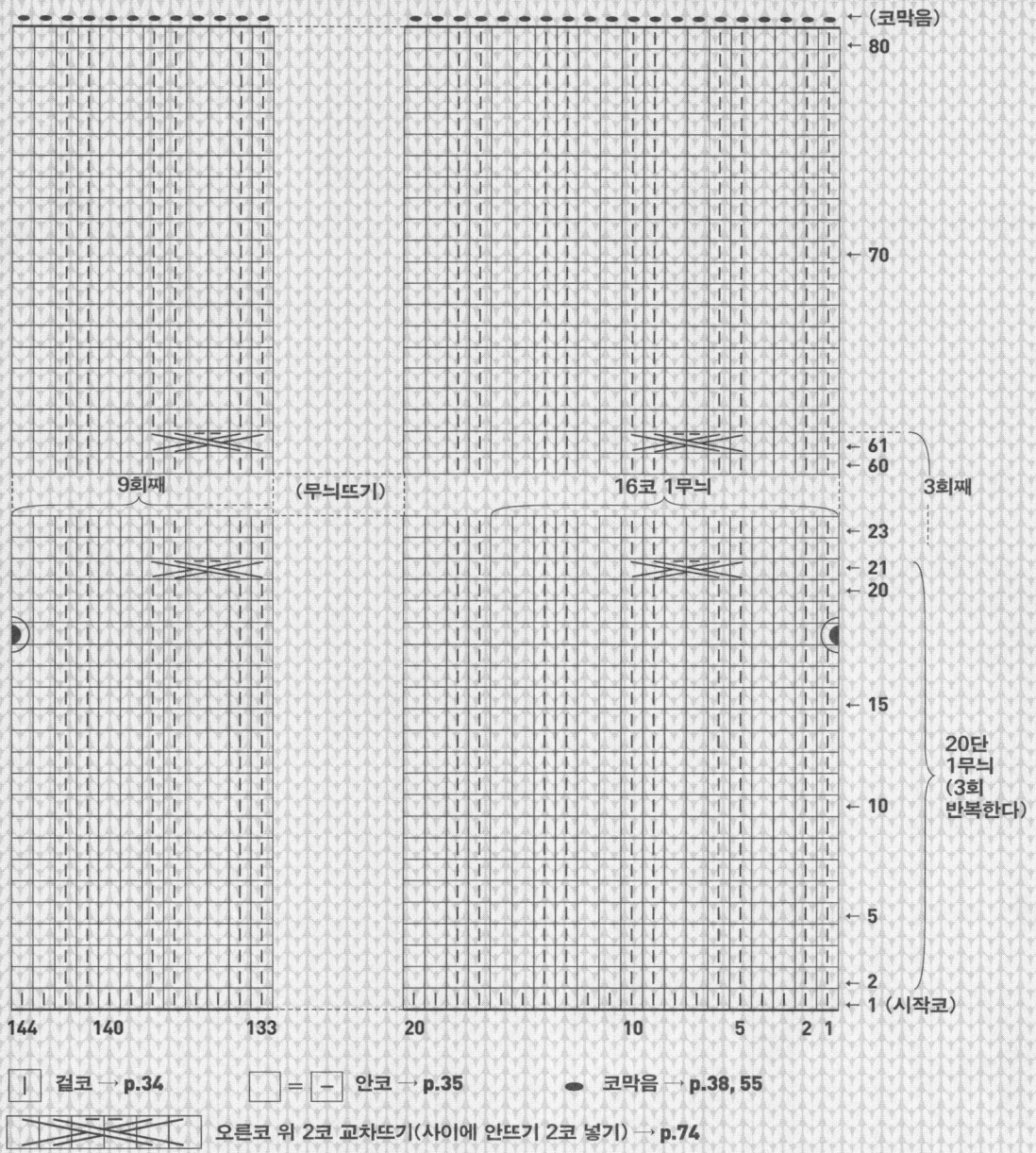

4개의 바늘을 사용한 원형뜨기의 시작코 & 뜨는 방법

모자처럼 원형으로 뜨는 경우에는 일단 바늘 1개로 시작코를 만들어 코를 3등분한 뒤 코를 각각의 바늘로 옮겨서 원형으로 떠 나갑니다.

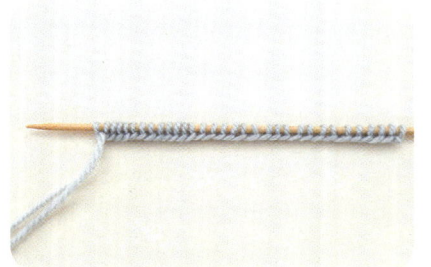

❶ 필요한 수만큼 시작코를 만든다.

다른 바늘

❷ 다른 바늘에 약 3분의 1 정도 되는 코를 옮긴다.

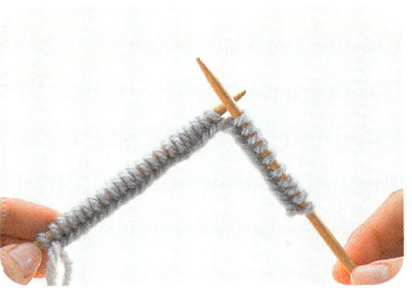

❸ 코를 옮긴 모습.

❹ 3개째의 바늘에 시작코의 약 3분의 1을 옮긴다.

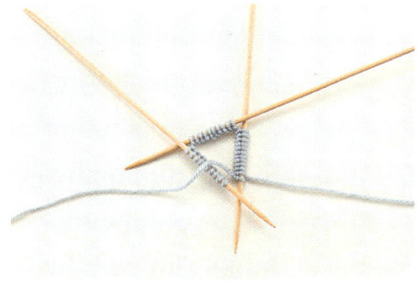

❺ 3개의 바늘에 균등하게 콧수를 배분한 모습. 이 상태에서 4개째의 바늘을 사용하여 빙 둘러가며 나선 모양으로 떠 나간다.

❻ 시작부분의 바늘을 왼손으로 잡고 실타래 쪽의 실을 왼손에 건다. 4개째의 바늘로 떠 나간다. 시작코가 비틀리지 않도록 주의한다.

❼ 1코 뜬 모습. 시작코의 마지막과 둘째 단의 코가 이어져서 원형이 되었다. 코가 느슨해지지 않도록 주의한다.

줄바늘과 4개짜리 막대바늘 중에 어떤 바늘을 사용할까?

줄바늘과 막대바늘 중에 어떤 바늘을 사용할지는 사이즈에 맞춰 결정합니다. 일반적으로 원형뜨기에는 바늘 하나로 뜰 수 있는 줄바늘을 사용하는 것이 편리합니다. 단, 줄바늘의 사이즈보다 작은 부분은 뜨기 어려우므로 모자의 윗부분이나 장갑의 손가락, 스웨터의 소맷부리 등에는 4개짜리 막대바늘을 사용합니다. 4개짜리 바늘은 바늘마개로 막아주면 구슬 달린 2개짜리 바늘과 똑같이 사용할 수 있기 때문에, 4개짜리 바늘이 있다면 2개짜리 바늘은 필요 없습니다.

줄바늘로 만드는 시작코 & 뜨는 방법

줄바늘(▶p.12)을 사용해서 만드는 시작코입니다.
4, 5개짜리 바늘처럼 바늘을 바꿔 잡을 필요가 없으며
같은 방향으로 원형뜨기를 할 수 있습니다.
작품에 맞는 길이의 바늘을 사용합니다.

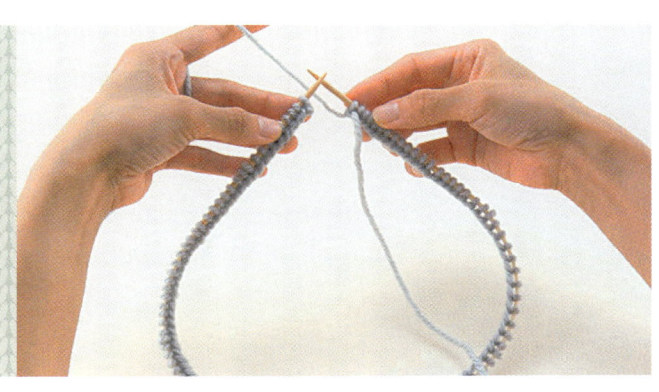

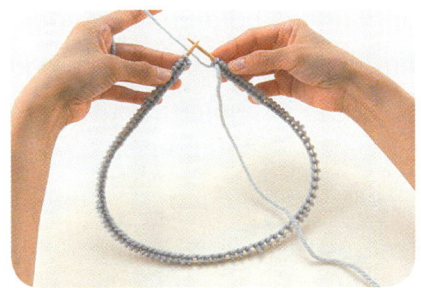

❶ 필요한 수만큼 시작코를 만든 뒤 끝부분을 오른손으로 잡고 실타래 쪽의 실을 왼손에 건다.

❷ 시작코의 첫 코와 마지막 코를 마주보게 한 뒤 첫째 코를 뜬다. 시작코가 비틀리지 않도록 주의한다.

❷를 뜬 모습. 시작코의 마지막 코와 둘째 단의 첫 코가 이어져서 원형이 되었다.

❸ 계속해서 빙 둘러가며 나선 모양으로 떠 나간다.

매듭

일반적인 실 묶는 방법입니다.
잘 풀리지 않기 때문에 알아두면 다른 끈을 묶을 때도
편리합니다.

❶ 두 가닥의 실을 교차시킨다.

❷ 왼손으로 교차 부분을 잡은 뒤 오른손의 실을 빙 돌려서 왼쪽의 실 끝에 건다.

❸ 돌린 실을 함께 왼손으로 잡는다. 다른 한쪽의 실 끝을 오른손으로 잡고 고리 속을 통과시켜서 아래쪽으로 끌어낸다.

❹ 실을 끌어낸 모습.

❺ 사진처럼 양쪽 손으로 실 끝을 두 가닥씩 잡은 뒤 중앙의 고리를 조인다.

기본 용어
(손뜨개에 자주 등장하는 기본적인 용어)

- **꿰매기** : 단과 단을 연결하는 것
- **잇기** : 코와 코를 연결하는 것
- **뜨개지를 뒤집는다** : 뜨개지의 좌우를 바꿔 잡아서 안쪽이 겉으로 나오게 하는 것
- **목둘레** : 몸판의 목 주위의 라인
- **진동둘레** : 몸판의 겨드랑이 주위, 소매를 다는 쪽의 라인
- **코 늘리기** : 같은 단에서, 코의 수를 늘리는 것
- **코 줄이기** : 같은 단에서 코의 수를 줄이는 것
- **겉끼리 맞대기** : 2장의 뜨개지를 겉쪽을 안쪽으로 오게 해서 맞추는 것. 그 반대는 '안끼리 맞대기'
- **소매밑단** : 소매산의 곡선의 아래쪽 라인
- **소매산** : 소매의 어깨쪽에 있는 산 모양의 곡선 라인

꽈배기무늬 모자

줄바늘로 코를 계속 줄여가며 떠서 마지막에 조이는 기본형 모자

얼굴 쪽(아래)에서 윗부분(위)을 향해 뜨는 일반적인 모자입니다.
고무뜨기에 꽈배기무늬를 배치하여 움직임이 있는 무늬를 만들었습니다.
여기서는 트위드 얀으로 떠서 뜨개코가 뚜렷해 보이면서도 고상한 느낌이 있는 모자가 되었습니다.
마지막에 모자의 윗부분을 오므릴 때는 안코와 겉코의 순으로 둘레의 코를 두 바퀴 주우면
구멍도 생기지 않고 겉보기에도 깔끔하게 완성됩니다.

뜨개 순서

- **주요 사용 테크닉**
  왼코 위 2코 교차뜨기(사이에 안뜨기 2코 넣기)
  모자 윗부분 오므리는 법

- **재료**
  실   하마나카 소노모노 트위드(합태 타입) 갈색(3) 100g
  바늘   6호 40cm 줄바늘, 꽈배기바늘, 털실용 돗바늘

- **게이지**
  무늬뜨기   38코×32단(10cm×10cm)

- **사이즈**
  머리둘레 44cm, 깊이 24.5cm

순서
1. 시작코를 만들어 원형으로 뜬다
2. 2코 고무뜨기를 뜬다
3. 무늬뜨기를 뜬다
4. 코 줄이기를 한다
5. 윗부분을 오므린다 (접어서 겹친다)

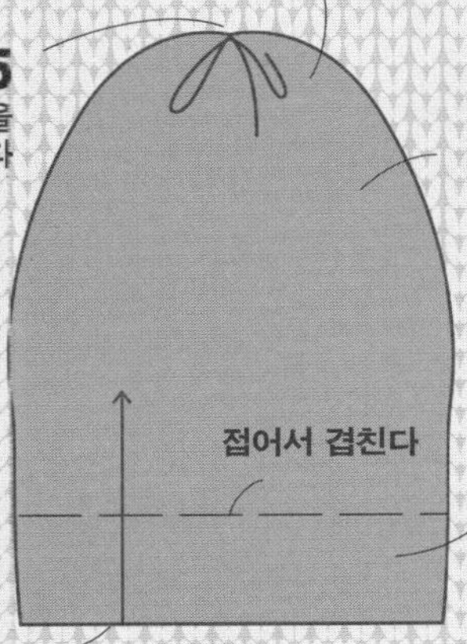

전체 도안

- 24.5cm 전체
- 5cm = 16단 (4. 2코 고무뜨기, 28코)
- 13cm = 42단 (3. 무늬뜨기)
- 13cm = 40단 (2. 2코 고무뜨기) ▶ p.49
- 1코, 8코, 쉼코 … 4코, 8코, 3코
- 1단평 2~1~7 1~1~1 단 코 회 줄임
- 뜨개도안을 참고하여 줄인다 ▶ p.109
- 골선
- 접어서 겹치는 위치
- 6.5cm

1. 44cm = 168코
손가락으로 만드는 시작코로 원형으로 뜬다 ▶ p.103

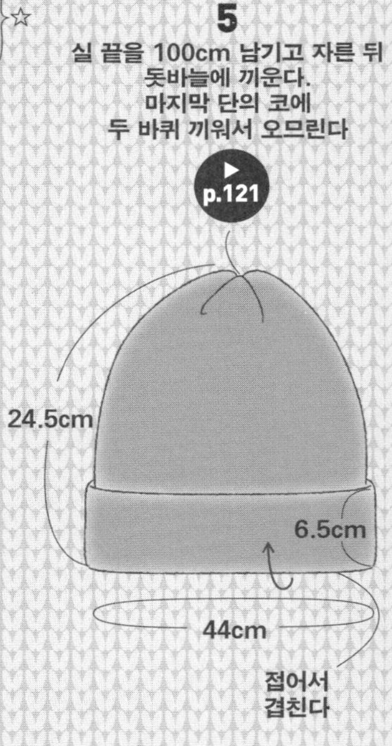

5. 실 끝을 100cm 남기고 자른 뒤 돗바늘에 끼운다. 마지막 단의 코에 두 바퀴 끼워서 오므린다 ▶ p.121

24.5cm / 6.5cm / 44cm
접어서 겹친다

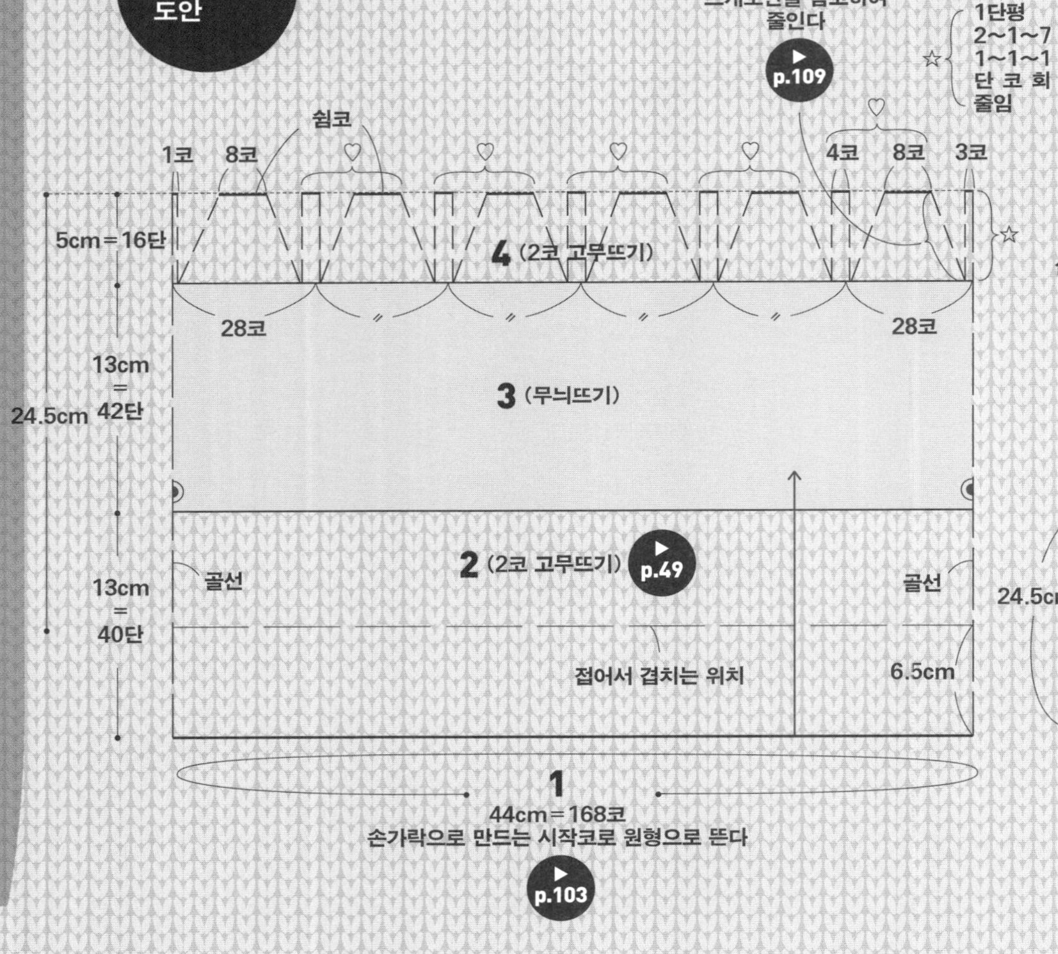

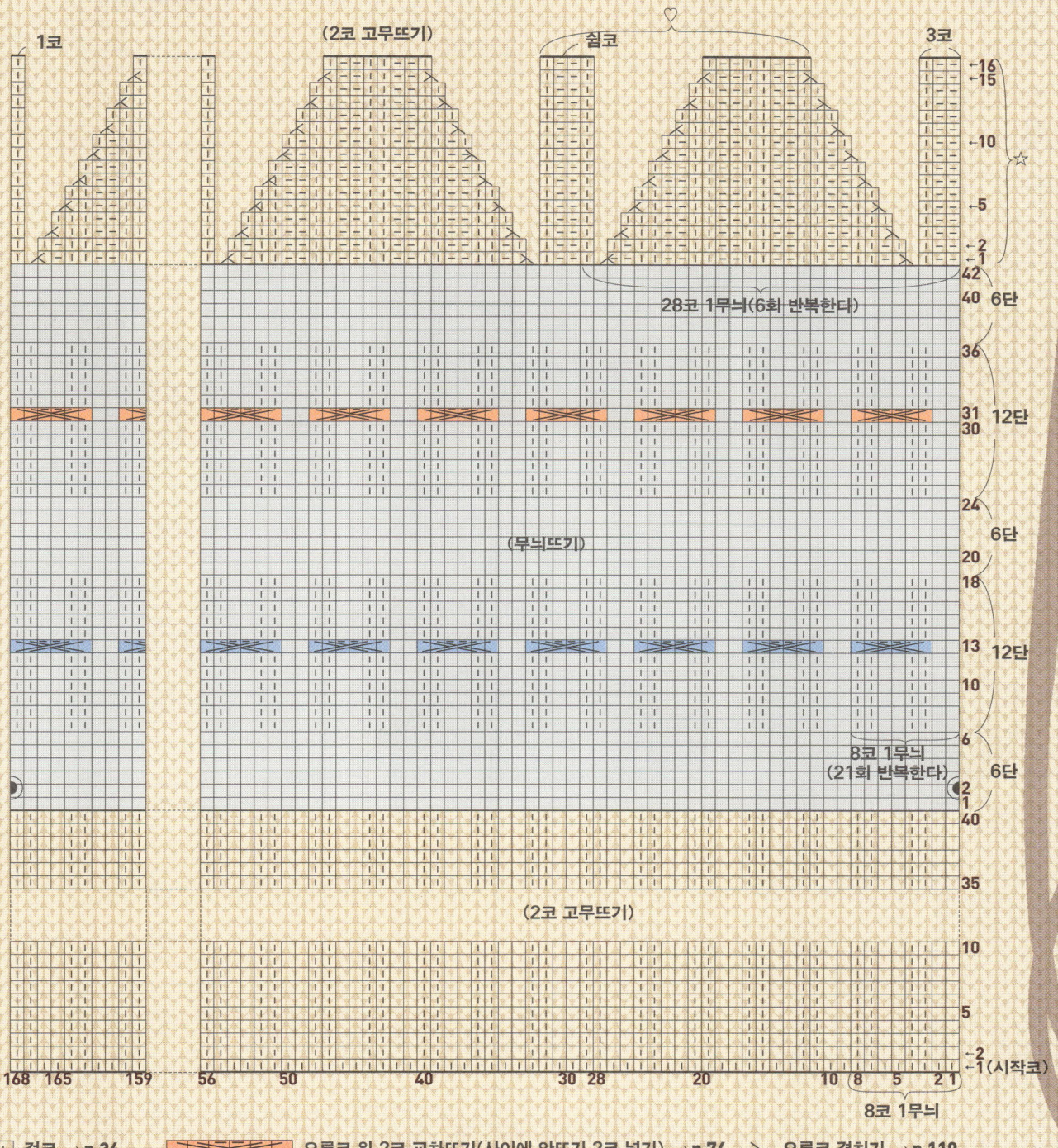

오른코 겹치기
(겉뜨기의 경우)

❶ 오른쪽 코 앞쪽에서 바늘을 넣는다.

❷ 오른쪽 바늘로 코를 옮긴다.

❸ 다음 코를 겉코로 뜬다.

❹ 왼쪽 바늘을 사용하여 오른쪽 코를 왼쪽 코에 덮어씌운다.

❺ 덮어씌운 모습. 오른코 겹치기가 완성되었다.

왼코 겹치기
(겉뜨기의 경우)

❶ 화살표처럼 바늘을 넣는다.

❷ 바늘을 넣은 모습.

❸ 2코를 함께 겉코로 뜬다.

❹ 왼코 겹치기를 완성한 모습.

오른코 겹치기
(안뜨기의 경우)

 =

❶ 오른쪽 바늘을 앞쪽에서 넣는다.

❷ 오른쪽 바늘로 코를 옮긴다.

❸ 다시 1코를 앞쪽에서 바늘을 넣은 뒤 오른쪽 바늘로 옮긴다. 계속해서 왼쪽 바늘로 화살표처럼 2코를 함께 넣어서 옮긴다.

❸을 옮기고 있는 모습.

❹ 2코를 함께 안코로 뜬다.

왼코 겹치기
(안뜨기의 경우)

 =

❶ 바늘에 2코를 함께 넣는다.

❶의 바늘을 넣은 모습.

❷ 2코를 함께 안코로 뜬다.

❸ '왼코 겹치기(안뜨기의 경우)'를 완성한 모습.

오른코 중심 3코 모아뜨기
(겉뜨기의 경우)

❶ 3코 중 오른쪽 2코 앞쪽에서 바늘을 넣어 1코씩 옮긴다.

❷ 2코를 옮긴 모습.

❸ 셋째 코를 겉코로 뜬다. 계속해서 왼쪽 바늘을 화살표처럼 넣는다.

❹ 왼쪽 바늘을 사용하여 오른쪽 바늘의 2코를 1코씩 3코 덮어씌운다.

❺ 오른코 중심 3코 모아뜨기를 완성한 모습.

왼코 중심 3코 모아뜨기
(겉뜨기의 경우)

① 3코 중 오른쪽 끝코를 겉코로 뜬다.

② 뜬 코를 왼쪽 바늘로 옮긴다.

③ 오른쪽 바늘을 사용하여 한가운데의 코를 오른쪽 코에 덮어씌운다.

④ 덮어씌운 모습. 남은 1코도 같은 방법으로 덮어씌운 뒤 코를 오른쪽 바늘로 옮긴다.

⑤ 왼코 중심 3코 모아뜨기를 완성한 모습.

중심 3코 모아뜨기
(겉뜨기의 경우)

❶ 오른쪽 바늘을 화살표처럼 왼쪽부터 2코에 넣은 뒤 오른쪽 바늘로 옮긴다.

❷ 코를 옮긴 모습.

❸ 다음 1코를 겉코로 뜬다.

POINT

❹ 왼쪽 바늘을 사용하여 한가운데의 코와 오른쪽 코를 왼쪽 코에 덮어씌운다.

❺ 중심 3코 모아뜨기를 완성한 모습.

중심 3코 모아뜨기
(안뜨기의 경우)

❶ 오른쪽 바늘을 화살표처럼 넣은 뒤 오른쪽 바늘로 1코씩 3코를 옮긴다.

❷ 왼쪽 바늘을 화살표처럼 넣은 뒤 왼쪽 바늘로 2코 옮긴다.

❷에서 옮기고 있는 모습.

❸ 오른쪽 끝코도 왼쪽 바늘로 옮긴다. 오른쪽 바늘을 넣어서 3코를 함께 안코로 뜬다.

❹ '중심 3코 모아뜨기(안뜨기의 경우)'를 완성한 모습.

코 줄이기
(양옆에서 3코 이상 줄이기)

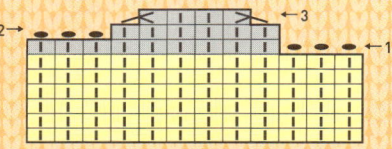

주로 목둘레, 진동둘레 등 양옆에서 줄이는 경우에 사용됩니다.
양쪽 끝에서 2코 이상 줄이는 경우, 조작하는 단은 좌우로 1단이 어긋납니다.
'코 겹치기'의 경우에는 동일한 단의 시작부분과 끝부분에서 조작합니다.

❶ 첫째 단. 끝 2코를 뜬 뒤 오른쪽 코를 왼쪽 코에 덮어씌운다.

❷ 코를 덮어씌운 모습. 코막음(▶p.55)을 1코 완성한 모습.

❸ 이것을 반복하여 3코 코막음을 한다. 계속해서 단의 끝까지 뜬다.

❹ 둘째 단. 뜨개지를 뒤집은 뒤 안쪽에서 줄이면서 뜬다. 끝 2코를 뜬 뒤 오른쪽 코를 왼쪽 코에 덮어씌운다.

❺ 코막음을 1코 완성한 모습.

❻ 이것을 반복하여 3코 코막음을 한다. 계속해서 단의 끝까지 뜬다.

❼ 양쪽 끝을 덮어씌운 모습. 둘째 단에서 양옆이 줄었다.

❽ 셋째 단. 뜨개지를 겉으로 뒤집는다. 끝코는 뜨지 않고 오른쪽 바늘로 옮긴다.

❾ 둘째 코는 겉코로 뜬다. 오른쪽 코를 덮어씌운다.

❿ 오른코 겹치기(▶p.110)를 완성한 모습.

⓫ 왼쪽 끝에 있는 2코의 앞까지 뜬다. 화살표처럼 왼쪽에서부터 2코를 함께 오른쪽 바늘에 넣는다.

⓫을 뜨고 있는 모습. 바늘을 넣어서 겉코를 뜬다.

⓬ 왼코 겹치기(▶p.111)를 완성한 모습.

코 줄이기
(끝코를 세우면서 줄이기)

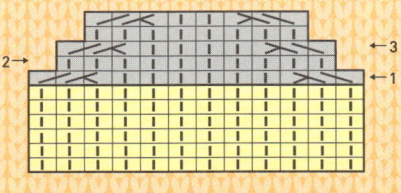

끝코보다 안쪽에 있는 코에서 줄이면 끝 라인이 계단 모양처럼 층지지 않고 코가 이어지듯이 보여서 깔끔합니다.
보통 래글런 스웨터의 진동둘레선을 뜰 때 사용됩니다.

① 오른쪽 끝코를 걸코로 뜬다. 다음 코는 뜨지 않고 오른쪽 바늘로 옮긴다.

② 셋째 코를 걸코로 뜬다. 왼쪽 바늘을 사용하여, 뜨지 않고 옮긴 둘째 코를 셋째 코에 덮어씌운다.

③ 오른코 겹치기(▶p.110)를 완성한 모습. 계속해서 뜬다.

④ 끝에서 3코 앞까지 뜬다. 오른쪽 바늘을 앞쪽에서 화살표처럼 넣는다.

⑤ 끝 1코를 남긴 뒤 2코를 함께 바늘에 넣어서 걸코를 뜬다.

⑥ 왼코 겹치기(▶p.111)를 완성한 모습. 끝코는 걸코로 뜬다.

⑦ 양쪽 끝에서 1코 안쪽 코를 줄인 모습. 같은 방법으로 지정된 단수를 줄여 나간다.

모자 윗부분 오므리는 법

마지막 단의 둘레 중 첫 번째는 안코, 두 번째는 겉코를 주워서 오므립니다. 1코 고무뜨기의 경우와 마찬가지로 아란무늬처럼 겉코와 안코가 무작위로 늘어서 있는 경우에는 겉코와 안코를 균등하게 줍습니다.

❶ 다 뜨고 난 뒤 끝부분의 실을 100cm 정도로 자르고 털실용 돗바늘에 끼운다. 2코 고무뜨기의 안코 2코만을 주워 나간다.

❷ 줄바늘에서 코를 빼지 않은 상태에서 둘레를 한 바퀴 줍는다.

❸ 한 바퀴 주운 모습.

❹ 두 바퀴째. 한 바퀴째에서 줍지 않았던 겉코 2코를 줍는다.

❺ 두 바퀴째는 코를 주우면서 바늘에서 코를 빼낸다.

❻ 두 바퀴를 다 주운 모습.

❼ 한 바퀴째의 마지막 위치에서 끼워두었던 실을 잡아당긴다. 안쪽의 코가 오므려진다.

❽ 안쪽을 다 오므린 뒤에 끼워두었던 실의 끝부분을 잡아당긴다. 바깥쪽이 오므려진다.

❾ 중앙의 안쪽으로 바늘을 넣는다.

❿ 모자를 뒤집은 뒤 안쪽에서 실을 처리한다. 우선 중앙 근처에서 1코 떠올려서 바늘을 끼운 뒤 실을 잡아당긴다.

⓫ 실을 다 잡아당기기 전에 생긴 고리에 실을 한 번 통과시켜서 오므린다. 계속해서 실을 뜨개지에 끼운 뒤 자른다(▶p.39 실 처리).

● '경사코'의 기호 보는 법

코 늘리기나 코 줄이기를 하면 그 주위의 코가 따라서 기울어져 비스듬해지는 경우가 있습니다. 이것을 '경사코'라고 부릅니다. 자연스럽게 비스듬해지기 때문에 뜨개법을 바꿀 필요는 없습니다.

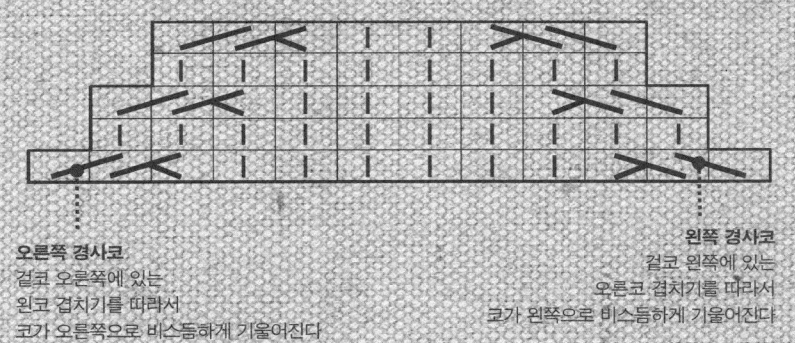

오른쪽 경사코
걸코 오른쪽에 있는
왼코 겹치기를 따라서
코가 오른쪽으로 비스듬하게 기울어진다

왼쪽 경사코
걸코 왼쪽에 있는
오른코 겹치기를 따라서
코가 왼쪽으로 비스듬하게 기울어진다

직접 무늬를 뜨지 않고 수를 놓아 무늬 만들기

뾰족한 손끝과 손등의 나무무늬가 포인트인 귀여운 벙어리장갑.
손가락장갑보다 쉽게 뜰 수 있습니다.
손목 쪽부터 원형뜨기로 뜬 뒤 엄지는 쉬어둔 상태에서 손끝 부분까지 이어서 뜹니다.
그런 뒤에 엄지를 뜨고 메리야스자수로 나무를 수놓습니다.
메리야스자수는 뜰수록 쉽고 균형도 확인하면서 뜰 수 있습니다.
아래쪽에서 위쪽, 오른쪽에서 왼쪽 방향으로 수놓으세요.

꽈배기무늬로 포인트를 준 손가락장갑

4개짜리 바늘로 손가락을 하나씩 뜨는 기본적인 형태

손목 쪽부터 원형뜨기를 한 뒤 엄지의 위치에는 별도의 실을 떠 넣습니다.
나머지 네 손가락을 순서대로 뜬 다음에 엄지를 뜹니다.
형태가 복잡해서 조금은 만들기 어려워 보이지만
여기서는 코의 증감을 적게 하거나 손가락 사이에 코를 늘리지 않는 등 심플한 디자인으로 떠보았습니다.
남성용과 여성용의 두 가지 사이즈로 소개합니다.

● 주요 사용 테크닉
메리야스자수
별도의 실을 떠 넣어서 엄지 구멍 만들기

● 재료
실   하마나카 푸가 (병태 타입)
     파란색 계열(7) 60g, 베이지색 계열(1) 10g
바늘 8호 4개짜리 막대바늘, 털실용 돗바늘

● 게이지
메리야스뜨기 22코×33단(10cm×10cm)

● 사이즈
손바닥둘레 18cm, 길이 24cm

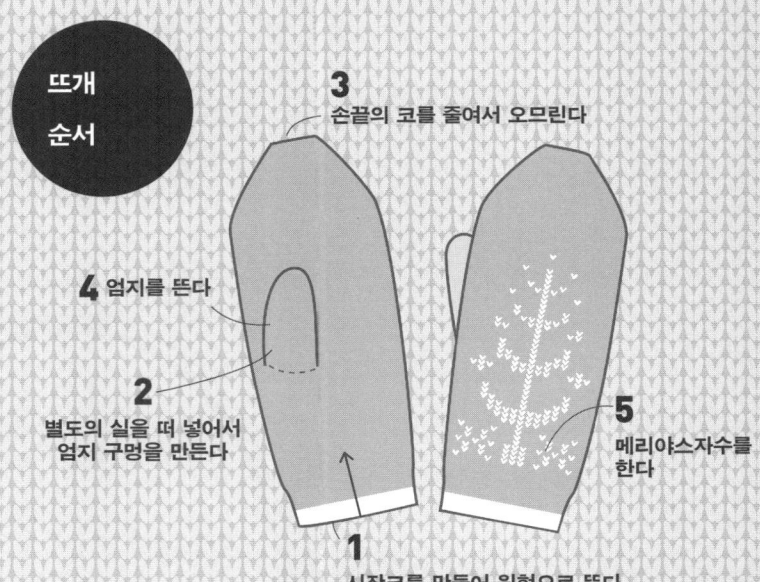

뜨개 순서

3 손끝의 코를 줄여서 오므린다
4 엄지를 뜬다
2 별도의 실을 떠 넣어서 엄지 구멍을 만든다
5 메리야스자수를 한다
1 시작코를 만들어 원형으로 뜬다

전체 도안

오른손
* 왼손은 대칭으로 뜬다

1cm=2코   1cm=2코   3 1~1~9단 코 회 줄임
3cm=9단

(메리야스뜨기)

2cm=5코

5 메리야스자수 p.133
42단

2 엄지 구멍 (별도의 실을 떠 넣는다) p.134
9cm = 30단

24cm

18cm = 60단

4코 15코 1코
18cm=40코
20코   7단

(2코 고무뜨기) 1
3cm=9단
2단 베이지색 계열

1 40코
손가락으로 만드는 시작코로 원형으로 뜬다 p.152

엄지의 코 줄는 법
3코 — 4코 — 2코
     5코
옆선

4 엄지 p.136
엄지의 처리(p.135)
5.5cm = 18단
14코 원형으로 줍기

마무리 방법

실 끝을 30cm 남기고 자른 뒤 남은 4코에 끼워서 오므린다

실 끝을 30cm 남기고 자른 뒤 남은 7코에 끼워서 오므린다

24cm

18cm

- **주요 사용 테크닉**
별도의 실을 떠 넣어서 엄지 만들기
손가락 뜨기
손끝 부분 오므리기

- **재료**
실 〔남성용〕 하마나카 미드 필 (태 타입) 회색(111) 90g, 초록색(113) 30g
　〔여성용〕 하마나카 필드 (병태 타입) 밤색(10) 60g, 분홍색(8) 30g
바늘 5호 4개짜리 막대바늘(짧은 바늘), 꽈배기바늘, 털실용 돗바늘

- **게이지**
메리야스뜨기 〔남성용〕 23코×31단(10cm×10cm)
　　　　　　〔여성용〕 25.5코×33단(10cm×10cm)

- **사이즈**
마무리 방법 그림 참고

뜨개 순서

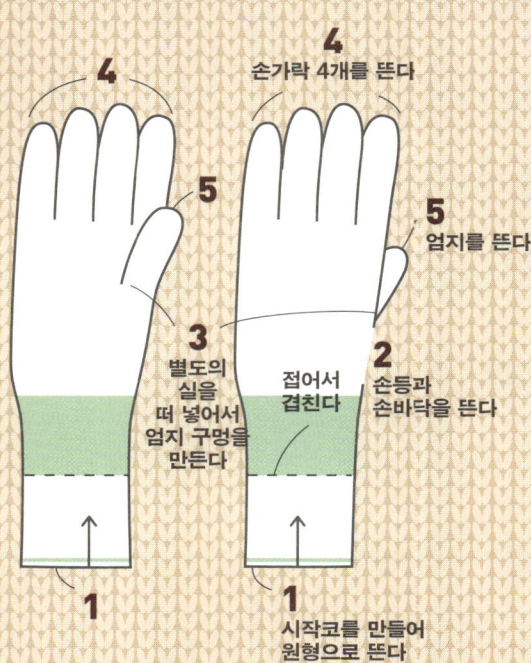

4 손가락 4개를 뜬다
5 엄지를 뜬다
3 별도의 실을 떠 넣어서 엄지 구멍을 만든다
접어서 겹친다
2 손등과 손바닥을 뜬다
1 시작코를 만들어 원형으로 뜬다

전체 도안
(오른손)

* 자세한 뜨개법은 p.134~ 참고
* 여성용은 분홍색으로 표기
* 왼손은, 엄지 구멍과 손가락을 오른손과 좌우대칭으로 뜬다

실을 잇는다 / 실을 자른다

손가락의 코 줍는 법
(오른손)

마무리 방법

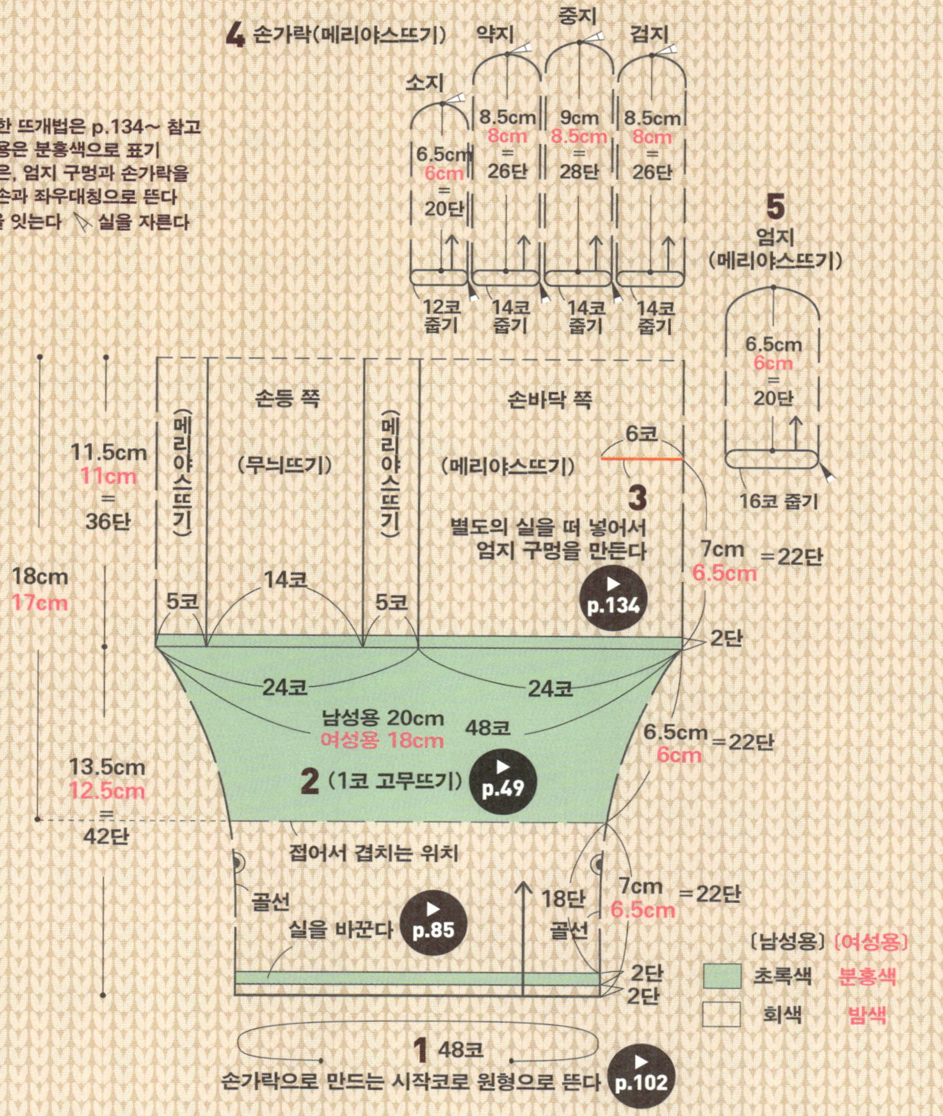

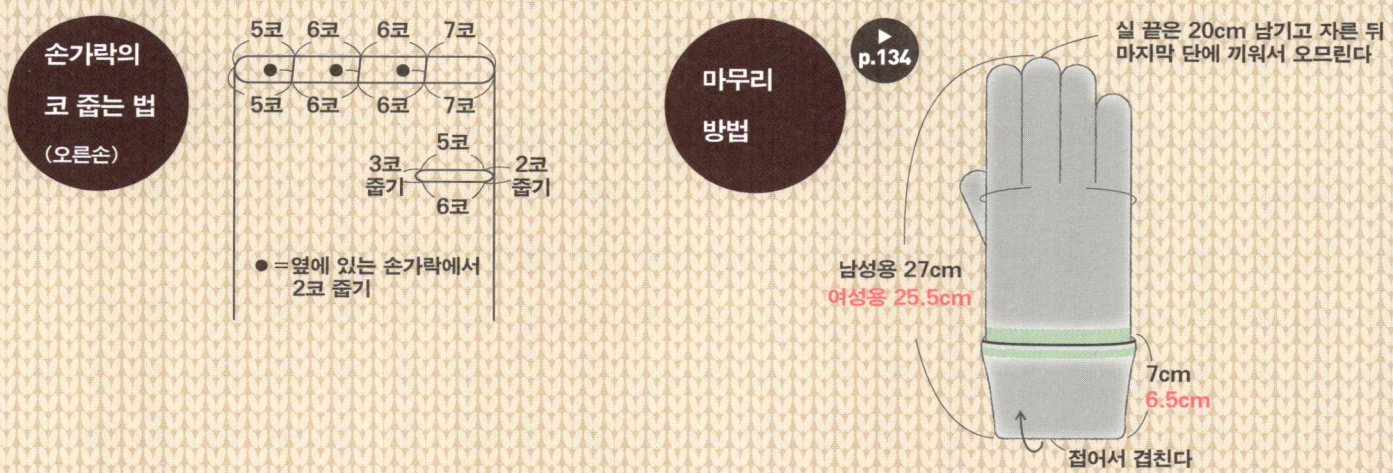

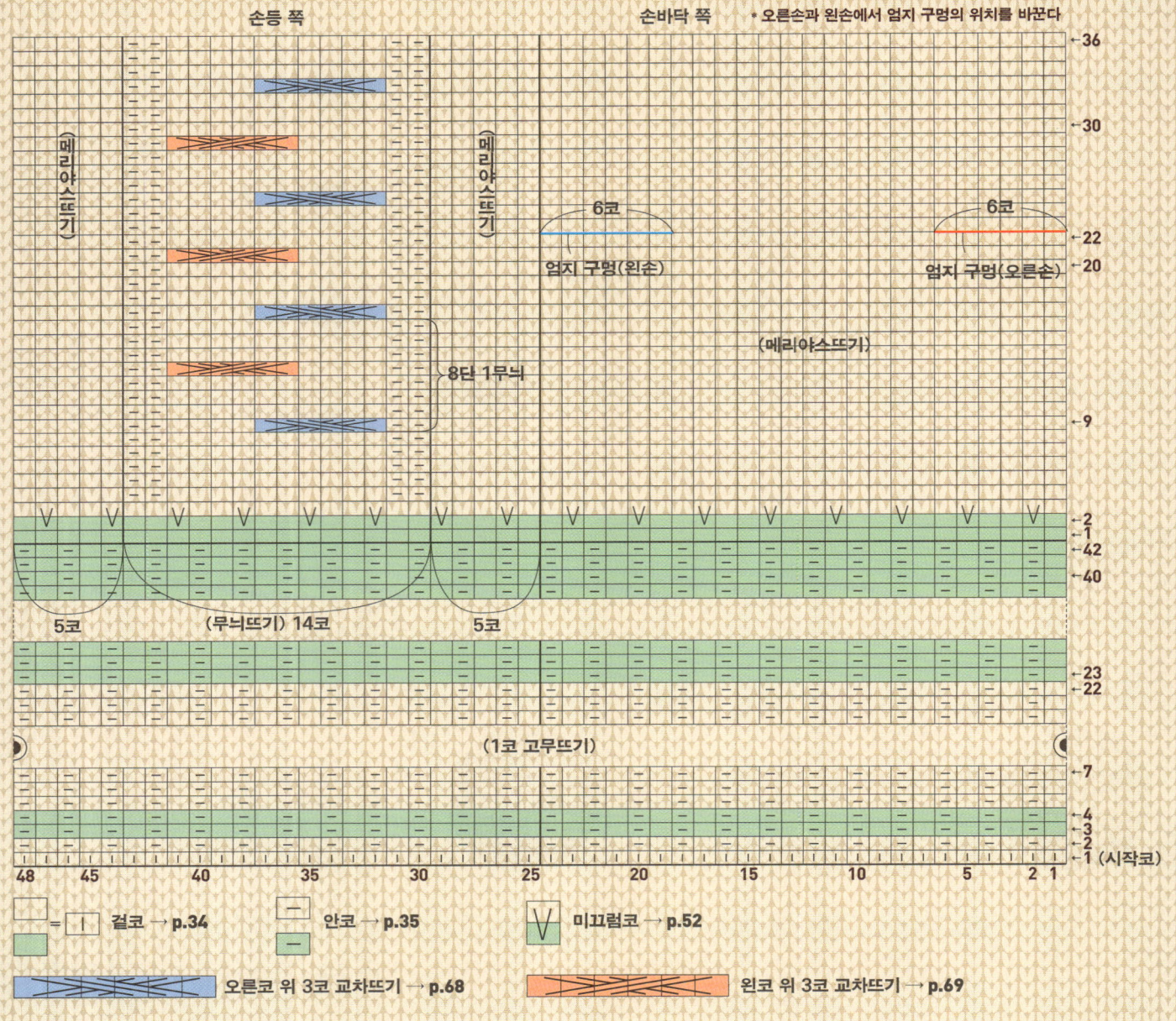

메리야스자수

다 뜨고 난 뜨개지의 위에서
메리야스의 코를 덧그리듯이 수놓습니다.

❶ 수놓을 실을 60cm 정도로 잘라서 돗바늘에 끼운다. 수놓으려는 코의 아래에, 안쪽에서 바늘을 넣어서 빼낸다.

❷ 1코 윗단의 코를 떠올리듯이 바늘을 넣는다.

❸ 실을 천천히 잡아당긴다.

❹ ❶에서 바늘을 빼낸 부분에 바늘을 넣는다. 계속해서 가로로 자수를 놓고 싶은 경우에는 다음 코의 아래로 바늘을 빼낸다.

❺ 같은 방법으로 왼쪽으로 수놓아간다.

❻ 오른쪽에서 왼쪽으로 7코 수놓은 모습. 세로로 수놓을 경우 수놓은 코 속으로 바늘을 빼낸다.

❼ 윗단의 코를 떠올리듯이 바늘을 넣는다.

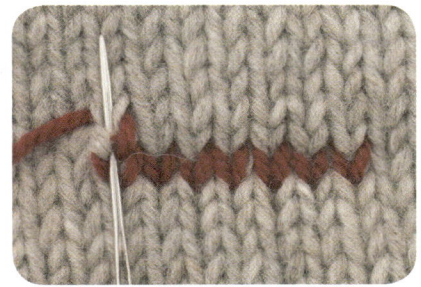

❽ ❻에서 빼냈던 부분에 바늘을 넣은 뒤 천천히 실을 잡아당긴다. 위쪽으로 수놓을 경우에는 다음 코의 아래에서 빼낸다.

❾ 반복한다.

손가락 뜨는 법

장갑은 손목 쪽부터 뜨기 시작합니다.
엄지는 별도의 실을 떠 넣어두고 마지막에 뜹니다.
여기서는 손가락 4개 사이에 코를 늘리지 않기 때문에
깔끔한 형태로 완성됩니다.

엄지 구멍에 별도의 실을 떠 넣는다

❶ 뜨개도안을 보면서 손목에서 손끝을 향해 원형으로 떠 나간다. 엄지 구멍을 만들 위치까지 뜬다.

❷ 별도의 실을 준비하여 다른 1개의 바늘로 엄지 구멍이 될 6코를 뜬다.

❸ 6코 뜬 모습. 일단 별도의 실의 앞쪽 위치(↓)로 돌아와서 이 6코를 한 번 더 뜬다.

❹ 손바닥 쪽을 뜬 모습. 그대로 4개의 손가락으로 나누어지는 단까지의 14단을 뜬다.

검지를 뜬다

❺ 14단을 뜬 모습. 검지를 뜰 코를 다른 바늘로 주운 뒤 나머지 코에는 별도의 실을 끼워둔다.

❻ 별도의 실을 끼워둔 뒤에는 실을 묶어서 쉬어둔다.

❼ 다른 1개의 바늘로 검지를 뜨기 시작한다.

❽ 검지의 손바닥 쪽 7코를 뜬 모습.

❾ 손등 쪽의 코를 뜬다. 2개의 바늘 사이는 최대한 빈틈이 생기지 않도록 한 뒤 계속해서 7코 뜬다.

❿ 손가락 1개분의 코를 1단 뜬 모습. 코를 2개의 바늘에 걸어 둔 뒤 3개의 바늘을 사용하여 떠 나간다. 14코의 원형이 된다.

⓫ 손가락 1개를 뜬 모습. 실 끝을 30cm 남기고 자른 뒤 돗바늘에 끼운다.

손끝 처리

⓬ 마지막 단의 코를 돗바늘로 줍는다. 주운 코는 바늘에서 빼 나간다.

⓭ 코를 한 바퀴 줍고 나면 실을 잡아당겨서 오므린다.

⓮ 바늘을 손끝 중앙의 구멍으로 넣고 뜨개지를 뒤집는다.

안쪽

⓯ 안쪽의 1코에 바늘을 끼운 뒤 실을 잡아당긴다.

⓰ 실을 다 잡아당기기 전에 생긴 고리에 바늘을 한 번 더 통과시켜서 오므린다.

⓱ 안쪽에서 3~4개의 코에 실을 끼운다. 방향을 바꿔서 한 번 더 끼워서 실 처리(▶p.39)를 한다.

중지~소지를 뜨다

⑱ 두 번째 손가락(중지)의 코를 별도의 실에서 바늘 2개로 옮긴다. 별도의 실은 한 번 더 묶어둔다.

⑲ ⑨와 같은 방법으로 두 번째 손가락을 한 바퀴 빙 둘러 뜬다.

⑳ 다른 1개의 바늘로 검지 쪽과의 사이 ●의 위치에서 코를 2코 주워서 뜬다.

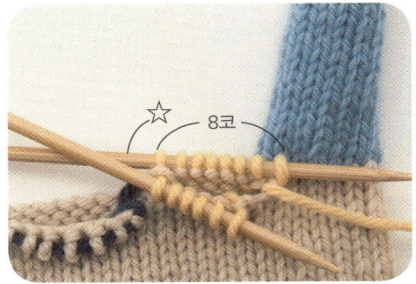

㉑ 2코 주운 모습. 주운 2코는 ☆의 바늘로 옮긴다.

㉒ 코를 옮긴 모습. 계속해서 3개째의 바늘을 사용하여 중지를 뜬다. ⑫~⑰처럼 손끝 처리를 한다.

㉓ 검지와 중지 사이의 모습. ⑱~㉒와 같은 방법으로 지정한 대로 코를 주우면서 나머지 손가락을 뜬다.

엄지를 뜬다

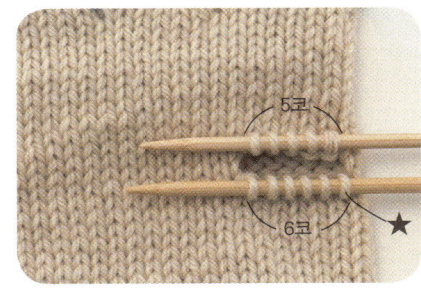

㉔ 4개의 손가락을 다 뜨고 난 뒤에 엄지를 뜬다. 떠 넣었던 별도의 실을 풀어서 구멍의 위아래 코를 2개의 바늘로 옮긴다.

㉕ 바늘로 옮긴 모습. ★표시부터 뜨기 시작한다.

㉖ 엄지의 아래쪽을 뜬 모습.

㉗ 계속해서 윗단과의 사이에서 코를 3코 주워서 늘린다. 다른 바늘로 ●의 위치에서 3코를 줍는다.

㉘ 3코를 주운 모습. 계속해서 엄지의 위쪽을 뜬다.

㉙ 위쪽을 뜬 모습. 반대쪽의 끝에서도 같은 방법으로 ●의 위치에서 2코 줍는다.

㉚ 5코 늘어난 모습. 계속해서 엄지의 끝까지 뜬다.

㉛ 손끝은 다른 4개의 손가락과 같은 방법으로 오므린다. 실을 30cm 남기고 자른 뒤 돗바늘에 끼워서 마지막 단의 코에 통과시킨다.

㉜ 오므리고 나면 손끝의 구멍에서 손가락 안쪽으로 바늘을 넣고 뜨개지를 뒤집는다.

㉝ ⑮~⑰의 요령으로 손가락 안쪽에서 실을 처리한다.

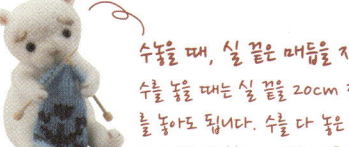

수놓을 때, 실 끝은 매듭을 지을까?

수를 놓을 때는 실 끝을 20cm 정도 남긴 뒤 손으로 누르면서 수를 놓아갑니다. 매듭은 짓지 않습니다. 2코 정도 수를 놓으면 실이 잘 빠지지 않기 때문에 손을 떼고 수를 놓아도 됩니다. 수를 다 놓은 후에도 매듭은 짓지 않습니다. 수를 다 놓고 나면 돗바늘을 사용하여 실 끝을 뜨개지에 통과시켜서 처리(▶p.39)합니다. 손뜨개를 할 때는 되도록 털실에 매듭을 만들지 않도록 하세요.

원형뜨기와 왕복뜨기로 만드는 '뒤꿈치'가 포인트

기본적인 형태의 양말로 발목 쪽에서 발끝을 향해 원형으로 떠 나갑니다.

포인트는 뒤꿈치 부분을 뜨는 방법입니다.

4개짜리 바늘을 사용하여 양끝에서 되돌아가며 뜨는데, p.142부터의 설명을 잘 보며 뜨도록 합니다.

요령을 익혀두면 결코 어렵지 않으니 손뜨개에 익숙해지면 꼭 한번 시도해보세요.

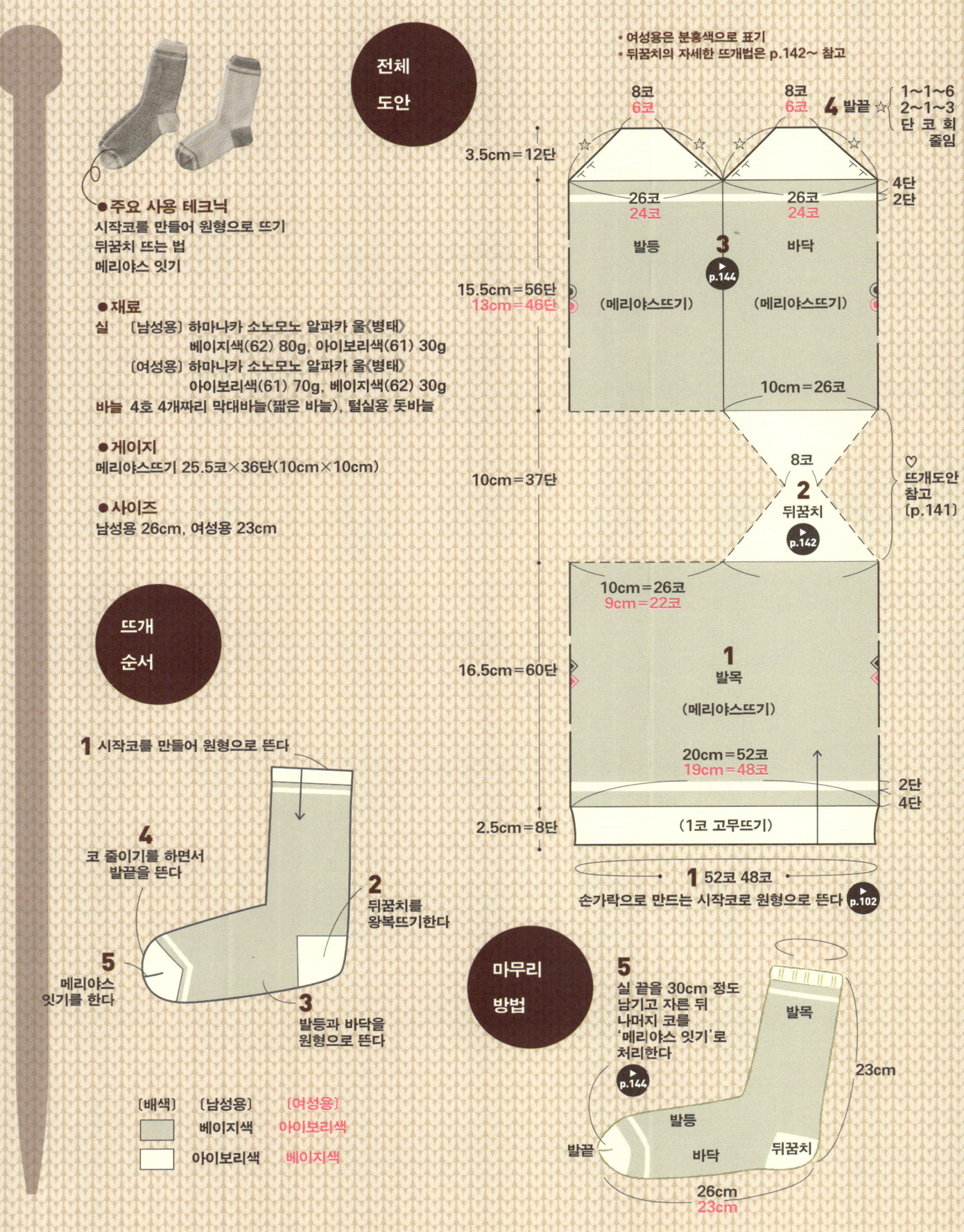

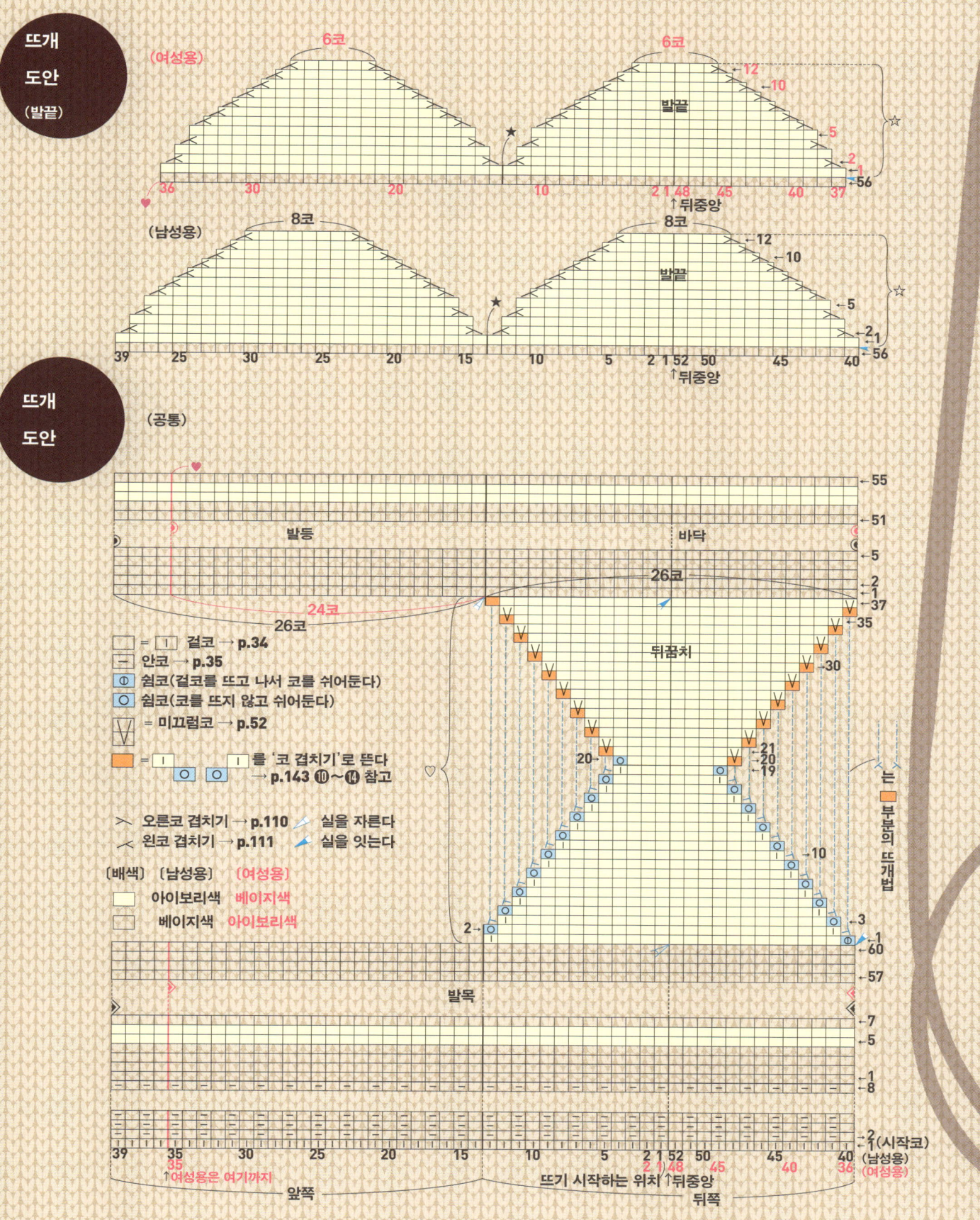

양말 뜨는 법

양말을 뜰 때 복잡한 것은 '뒤꿈치'를 뜨는 방법입니다. 발목 쪽부터 원형뜨기로 뜨기 시작하는데, 뒤꿈치 부분은 되돌아뜨기를 하면서 볼록한 부분을 만듭니다. 이것은 코가 늘어나거나 구멍이 나는 것을 방지하면서 뜨는 방법입니다. 여기서는 양말 뜨기의 포인트가 되는 뒤꿈치와 발끝을 뜨는 방법을 설명합니다.

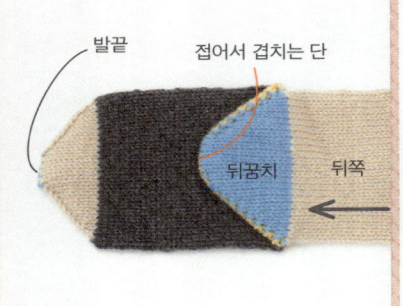

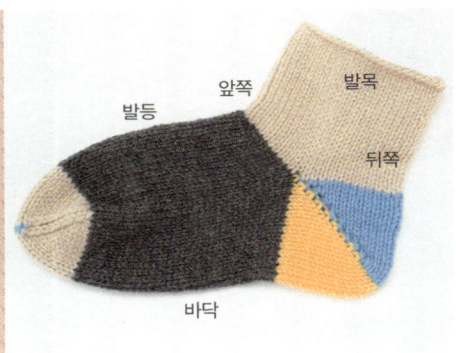

뒤꿈치를 뜬다

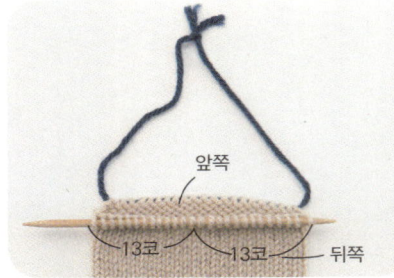

❶ 4개짜리 바늘을 사용하여 발목부터 원형으로 떠 나가면서 뒤꿈치의 앞쪽까지 뜬다. 뒤쪽의 코를 바늘에 남긴 뒤 앞쪽의 코에 별도의 실을 끼워서 묶어둔다.

❷ 뒤쪽의 끝부터 겉코로 뒤꿈치를 뜨기 시작한다.

❸ 1단만큼 뜨고 나면 시작부분의 1코(↑)를 다른 바늘로 옮겨둔다. 이 바늘은 빠지기 쉬우므로 주의하면서 뜬다.

❹ 뜨개지의 앞쪽을 앞으로 오게 한 뒤 안코를 뜬다. 시작부분의 코를 1코 뜨지 않고 다른 바늘로 옮겨서 쉬어둔 뒤 둘째 코부터 뜬다.

POINT ❺ 2단 뜬 모습. p.141의 쉼코 기호(○)의 코는 모두 뜨지 않고 단의 처음에 다른 바늘로 옮겨서 쉬어둔다.

❻ 셋째 단의 시작부분. 다른 바늘로 옮겨서 쉬어둔 코가 2코가 된다.

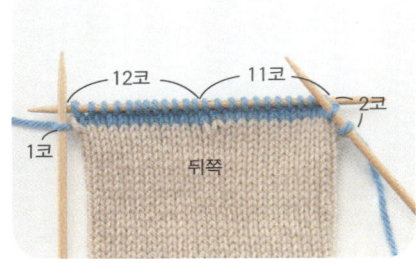

❼ 셋째 단을 뜬 모습. 같은 방법으로, 뒤꿈치를 접어서 겹치는 단까지 모두 19단을 뜬다.

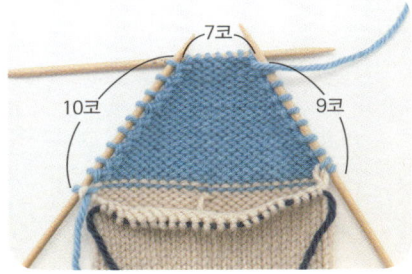

❽ 19단을 뜬 모습.

❾ 뒤꿈치의 접어서 겹치는 첫째 단(20단째). 시작부분의 1코를 별도의 실로 옮기고 나서 뜬다.

❿ 20단째의 끝부분. 다른 바늘의 쉼코를 1코 뜬 뒤 그 1단 아래의 코를 왼쪽 바늘로 화살표 방향으로 줍는다.

⓫ 주운 코를 오른쪽 바늘로 옮긴다.

⓬ 다시 왼쪽 바늘의 1코를 오른쪽 바늘로 옮긴다.

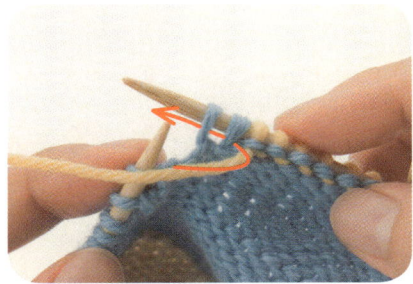

⓭ 오른쪽 바늘로 2코 옮긴 모습. 이 2코에 화살표처럼 왼쪽 바늘을 넣은 뒤 '오른코 겹치기(안뜨기의 경우)(▶p.112)'를 뜬다.

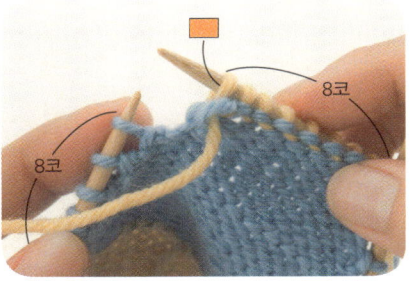

⓮ 20단째를 완성한 모습. 짝수단의 □는 ❿~⓭처럼 뜬다.

⓯ 뜨개지를 겉으로 뒤집은 뒤 21단째를 뜨기 시작한다.

⓰ 시작부분의 1코는 미끄럼코(▶p.52). 계속해서 겉코를 7코 뜬다.

⓱ 끝부분은 다른 바늘의 쉼코를 1코 뜬다.

⓲ 코를 뜬 모습. 1단 아래의 코를 왼쪽 바늘로 화살표 방향으로 줍는다.

⓳ 코를 주운 모습. 왼쪽 바늘의 2코에 화살표처럼 바늘을 넣어서 '왼코 겹치기(▶p.111)'를 뜬다.

⓴ 21단째를 완성한 모습. 홀수단의 □는 ⓱~⓳처럼 뜬다.

㉑ 22단째 이후에는 시작부분에 미끄럼코, 끝부분에 🟧를 뜬다(사진은 35단까지 뜬 모습).

발등과 바닥을 원형으로 뜬다

㉒ 37단까지 뜨고 나면 ❶에서 쉬어두었던 앞쪽의 코를 바늘로 되돌린 뒤 화살표의 위치에 새로운 실을 이어서 뜨기 시작한다.

㉓ 뒤꿈치의 경계선 부분에서는 코 사이가 벌어지지 않도록 실을 꽉 조이면서 뜬다.

㉔ 뜨는 도중의 모습. 발끝의 줄임코까지 그대로 뜬다.

발끝 뜨는 법
* 여성용의 경우(남성용은 p.141을 참고해서 뜬다)

㉕ p.141의 ★의 위치에서 2등분하여 2개의 바늘로 나눈다. 뜨개도안대로 양끝을 '코 겹치기'로 줄이면서 뜬다(사진은 2단까지 뜬 모습).

㉖ 다 뜬 모습. 실 끝을 30cm 정도로 자른 뒤 돗바늘에 끼운다.

㉗ 나머지 코를 '메리야스 잇기(▶p.172)'로 잇는다. 2장을 발등 쪽이 앞쪽으로 오게 해서 맞춘 뒤 끝코의 앞쪽에서 바늘을 넣는다.

㉘ 바닥 쪽 끝코의 뒤쪽에서 바늘을 넣은 뒤 대바늘에서 빼낸다.

㉙ 바닥 쪽의 다음 코에, 앞쪽에서 뒤쪽을 향해 바늘을 넣는다(아직 코는 바늘에서 빼내지 않는다).

㉚ 발등 쪽의 끝코에 앞쪽에서 뒤쪽을 향해 바늘을 넣는다.

㉛ 코를 대바늘에서 빼낸다. 계속해서 화살표 방향으로 바늘을 넣는다. ㉘~㉛을 반복하여 코를 맞추어 잇는다.

㉜ 메리야스잇기를 완성한 모습. 사진처럼 바늘을 끝에서부터 앞쪽으로 넣은 뒤 안쪽에서 실 처리를 한다.

㉝ 다 뜬 모습.

아가일무늬 브이넥 조끼

앞·뒤 몸판을 떠서 연결하는 옷의 입문편

라인에 메리야스자수를 넣어 다이아몬드무늬와 매치한 아가일무늬.
안쪽으로 실을 걸치지 않는 방법을 이용하여 기본 배색뜨기를 한 뒤 몸판을 연결하기 전에 메리야스자수를 합니다.
브이넥은 앞중앙의 '3코 모아뜨기'와 목둘레의 코줄기가 포인트입니다.
비스듬한 목둘레에서는 최대한 균등하게 코를 줍습니다.

● **주요 사용 테크닉**
안쪽으로 실을 걸치지 않는 배색뜨기
어깨 잇기
옆선 덮어씌우기

● **재료**
실 하마나카 소노모노 로빙 (극태 타입) 아이보리색(91) 40g, 베이지색(93) 300g
    하마나카 소프티 트위드 (병태 타입) 갈색(9) 80g
    하마나카 엑시드울 L (병태 타입) 검은색(329) 80g
바늘 8호 구슬 달린 2개짜리 막대바늘, 8호 4개짜리 막대바늘, 6/0호 코바늘, 털실용 돗바늘

● **게이지**
메리야스뜨기 17코×24단(10cm×10cm)

● **사이즈**
품(가슴둘레) 50cm, 옷길이 68cm

뜨개 순서

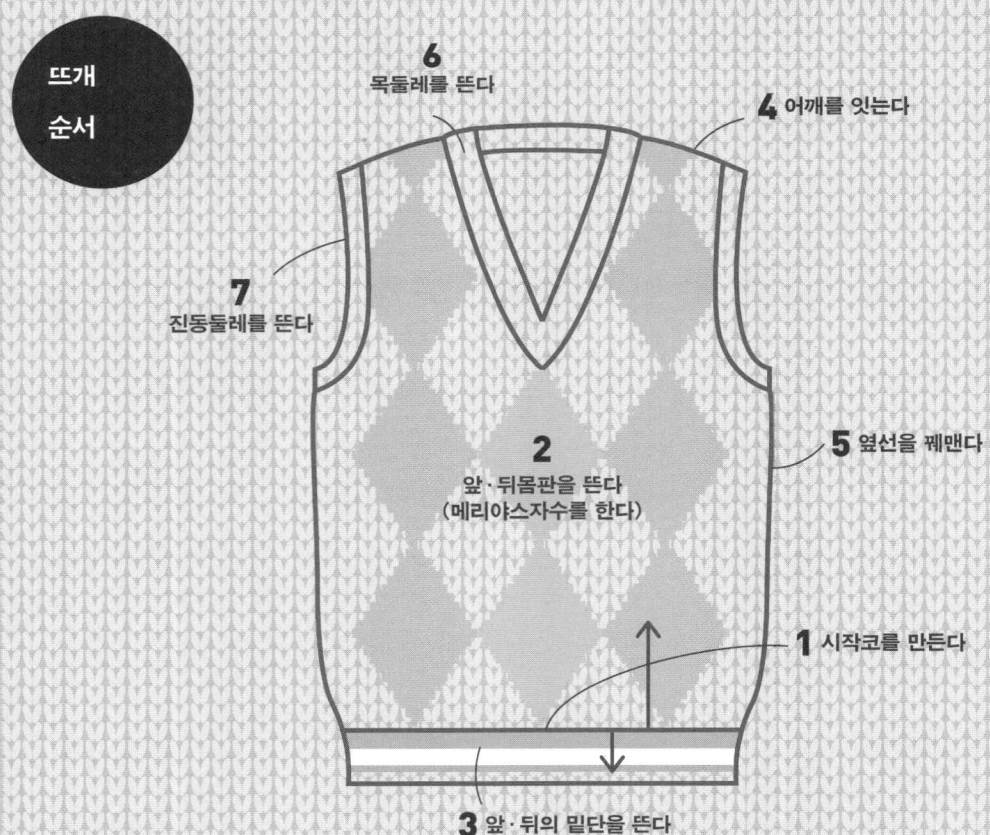

6 목둘레를 뜬다
4 어깨를 잇는다
7 진동둘레를 뜬다
2 앞·뒤몸판을 뜬다 (메리야스자수를 한다)
5 옆선을 꿰맨다
1 시작코를 만든다
3 앞·뒤의 밑단을 뜬다

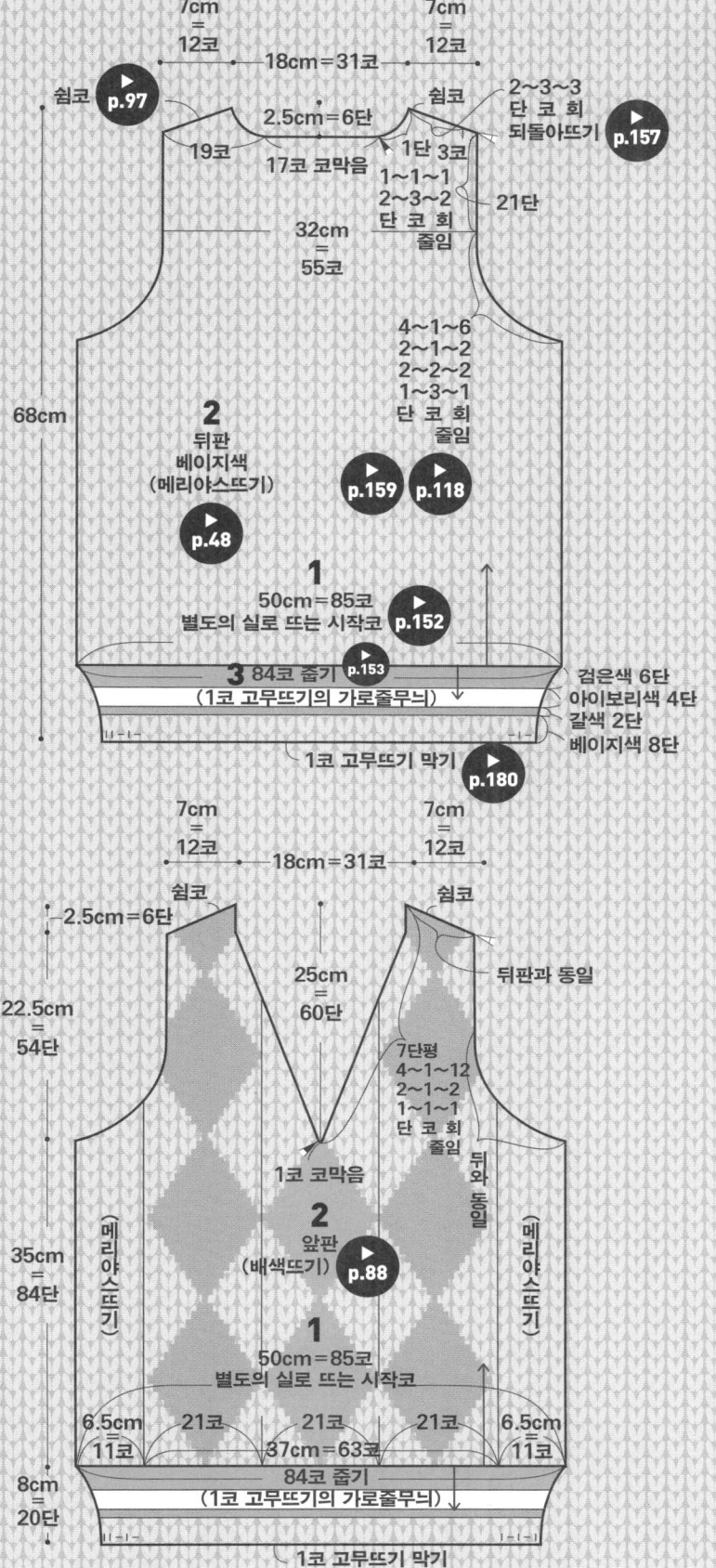

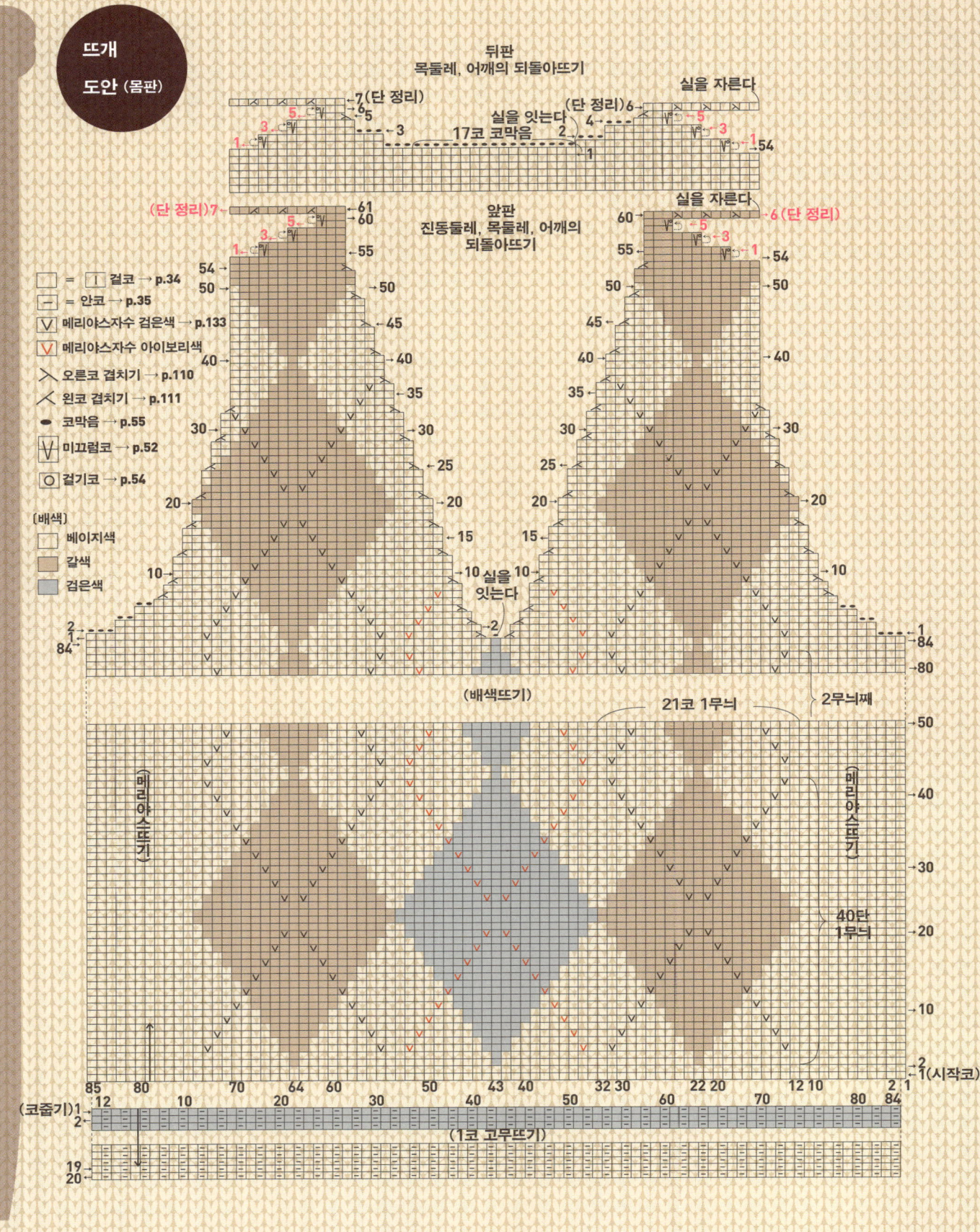

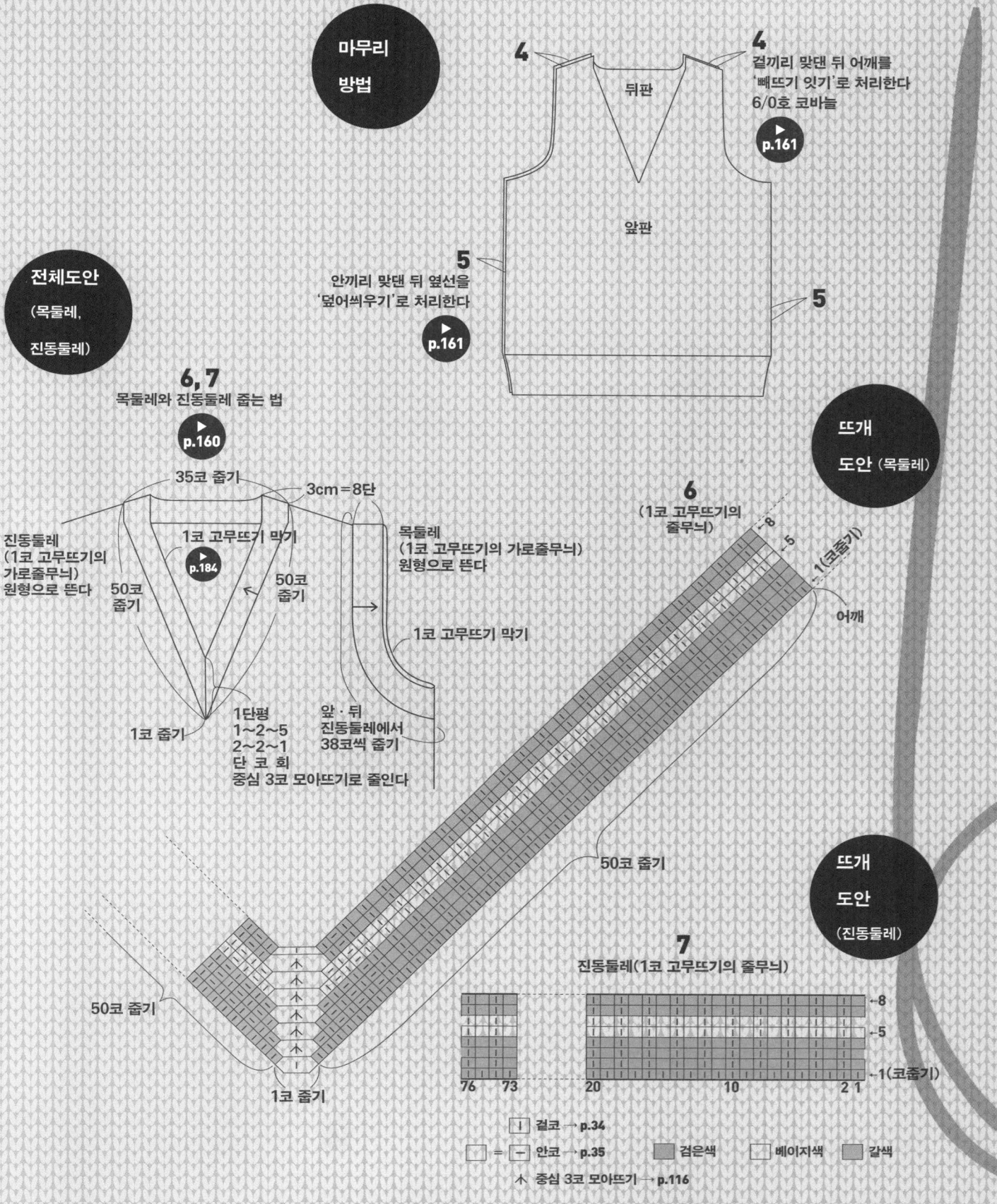

별도의 실로 뜨는 시작코
(나중에 풀어내는 경우)

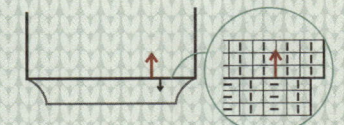

코바늘을 사용하여, 뜨는 실과는 다른 실로 사슬뜨기(▶p.217)를 뜬 뒤 그 부분에서부터 코를 줍는 시작코입니다.
스웨터의 밑단 등에 고무뜨기를 할 때 사용됩니다.

❶ 코바늘을 사용하여, 뜨는 실과는 다른 실로 사슬뜨기(▶p.217)를 시작코의 수+2코 떠둔다. 대바늘을 1개 잡고, 뜨기 시작 쪽의 사슬뜨기의 뒷산에 바늘을 넣는다.

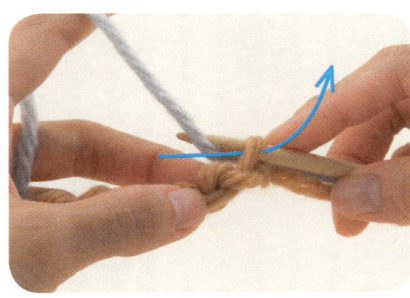

❷ 떠 나가는 실의 끝에서 15cm 정도 되는 위치에서 바늘에 실을 걸어서 끌어낸다.

❸ 실을 끌어내서 1코 완성한 모습. 다음 코에 화살표처럼 바늘을 넣는다.

❹ ❶~❸을 반복하여 필요한 수만큼 코를 만든다. 이것을 첫째 단으로 센다.

❹에서 2코분 완성한 모습. 둘째 단부터는 뜨개도안대로 뜬다. 사슬뜨기는 느슨하게 떠두면 줍기 쉽다.

별도의 실로 뜬 시작코를 풀어서 뜨는 방법

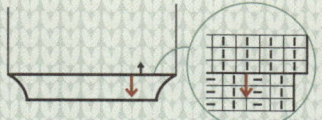

p.152에서 만든 코는, 다 뜨고 나면 풀어내고 새로운 실을 이은 뒤 반대방향으로 뜨기 시작합니다.
주로 스웨터의 밑단이나 소맷부리에 고무뜨기를 뜰 때 사용됩니다.

❶ p.152에서 만든 코에 뜨개질한 모습.

❷ 별도의 실의 끝부분을 고리 속으로 끌어내서 코를 풀기 시작한다. 실 끝을 세게 잡아당기면 너무 많이 풀리게 되므로 주의한다.

❸ 사슬뜨기를 풀어내면서 코를 바늘로 주워 나간다. 코의 방향이 바뀌지 않도록 주의하면서 줍는다.

❹ 코를 모두 주운 모습. 구슬 달린 2개짜리 막대바늘을 사용할 경우에는 바늘 끝이 반대가 되기 때문에 바늘 끝의 방향을 바꿔서 다른 바늘로 코를 다시 옮긴 뒤 떠 나간다.

❺ 주운 코의 수를 확인한 뒤 새롭게 실을 이어서 끝에서부터 지정된 뜨개법으로 뜬다.

❻ 1코 고무뜨기를 뜬 모습.

1코 고무뜨기 시작코
(양끝 1코가 겉코인 경우)

고무뜨기를 할 때 신축성이 있는 시작코입니다.
3단을 떠서 완성합니다.

① 실 끝에서부터 시작코 폭의 4배(폭이 20cm라면 80cm) 정도 되는 부분에서 왼손으로 실을 사진처럼 잡은 뒤 오른손으로 잡은 바늘을 화살표처럼 돌려서 실을 바늘에 건다.

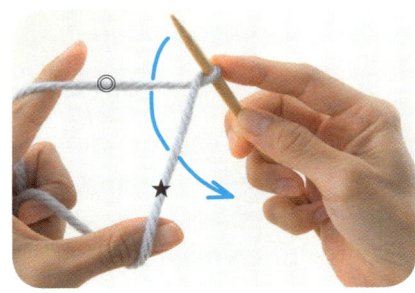

② 첫째 코(겉코)를 완성한 모습. 계속해서 둘째 코(안코)를 만든다. 오른손의 검지로 고리를 가볍게 누르고, 바늘 끝을 ◎와 ★의 뒤쪽으로 내린다.

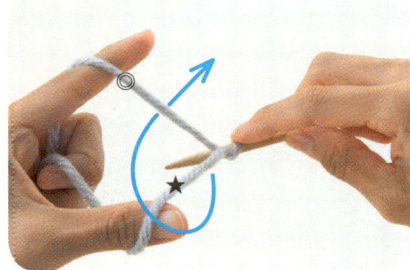

③ 바늘 끝을 앞쪽으로 움직인 뒤 ★의 실을 걸어서 검지 앞쪽의 실 ◎의 아래를 통과시킨다.

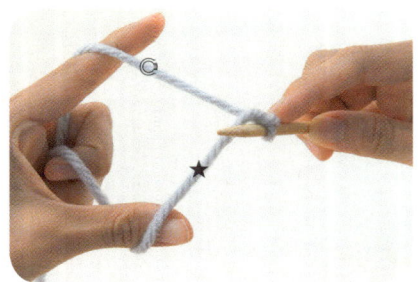

③을 통과시키고 있는 모습.

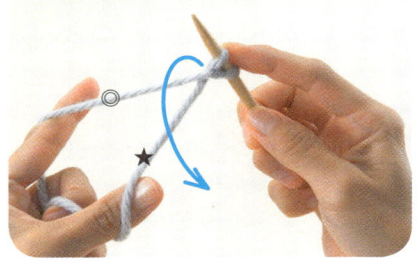

④ 둘째 코(안코)를 완성한 모습. 손가락으로 코가 빠지지 않도록 해서 셋째 코(겉코)를 만든다. 바늘 끝을 ◎와 ★의 앞쪽을 향해 내린다.

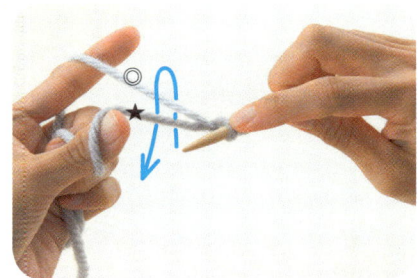

⑤ 화살표처럼 바늘 끝을 아래로 돌려서 ◎를 넘은 뒤 ★의 아래를 통과시켜서 ◎의 실에 건다.

⑤에서 통과시키고 있는 모습.

⑥ 3코(겉코)를 완성한 모습. 필요한 코의 수만큼 ②~⑤를 반복한다.

⑦ 11코를 완성한 모습. 마지막 시작코에서 비틀었던 실이 풀어지지 않도록 주의하면서 바늘을 화살표의 방향으로 돌려서 뒤집는다.

❽ 둘째 단을 뜬다. 실 끝 쪽을 오른손의 소지로 누른 상태에서 실이 엉켜 있는지 확인한다. 둘째 단은 안쪽에서 뜨기 때문에 뜨개도안과 반대인 뜨개법으로 뜬다.

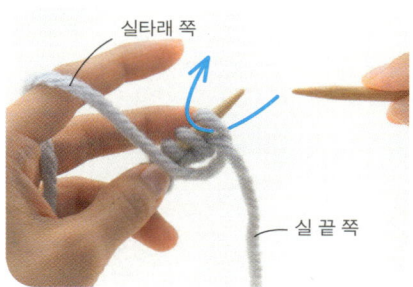
❾ 실타래 쪽의 실을 왼손에 건다. 오른손으로 바늘을 잡고 뜬다.

❿ 첫째 코(겉코)는 실을 앞쪽으로 오게 한 뒤 뜨지 않고 오른쪽 바늘로 옮긴다.

⓫ 실을 뜨개지의 뒤쪽에서 잡는다.

⓬ 다음 코를 겉코(▶p.34)로 뜬다.

⓭ 실을 뜨개지의 앞쪽에 둔 뒤 다음 코를 뜨지 않고 오른쪽 바늘로 옮긴다.

⓮ ⓫~⓭을 반복하여 끝코까지 뜬다.

⓯ 둘째 단을 뜬 모습. 계속해서 셋째 단을 뜬다. 첫째 코는 겉코로 뜨고 둘째 코 이후에는 둘째 단과 같은 방법으로 뜬다.

⓰ 셋째 단을 뜬 모습. 이것을 시작코 1단으로 센다. 다음 단(둘째 단)부터는 1코 고무뜨기(▶p.49)를 뜬다.

● 실 두 가닥을 끌어내는 법

- 실은 한 가닥만을 사용하여 뜨는 경우도 있지만 실 두 가닥을 합쳐서 뜨는 경우도 있습니다. 이를 '두 가닥으로 뜨기'라고 부릅니다. 두 가닥으로 뜰 때는 실을 2타래 준비하여 양쪽에서 동시에 실을 끌어내가며 뜹니다.
- 복잡한 색상을 만들거나 모헤어 등의 믹스실을 섞어서 느낌을 바꿀 수 있습니다. 뜨고자 하는 실이 아주 가는 경우에도 두 가닥으로 뜨면 쉬워집니다.
- 뜰 때는 반드시 두 가닥을 모두 주울 수 있도록 주의합니다.

2개의 실타래에서 실을 끌어내서 뜨고 있는 모습.

● 왜 별도의 실을 사용하여 뜨기 시작할까?

- '별도의 실로 뜨는 시작코'는 주로 스웨터의 밑단이나 소맷부리에 사용됩니다. 고무뜨기 등 본판과 게이지가 다른 뜨개법으로 뜰 때 원활하게 뜰 수 있습니다.
- 또한 본판을 뜨고 나서 더 떠 나가기 때문에 전체의 균형에 맞춰서 폭이나 길이를 조절할 수 있습니다. 고무뜨기 시작코를 만들 필요도 없습니다.
- 시작코를 만들 실은 뜨고 있는 실과 동일해도 상관없으나 모헤어처럼 털이 긴 실이라면 비슷한 굵기로 된 털 길이가 짧은 실을 선택합니다.
- 사슬뜨기의 코는 많이 느슨하게 떠두면 코를 줍기 쉽습니다.

● 고무뜨기에는 '고무뜨기 시작코'로 해야만 할까?

- 고무뜨기로 시작코를 만들면 볼 때 깔끔해 보이고 신축성도 좋지만 약간 난이도가 높아집니다. '손가락으로 만드는 시작코'를 만들더라도 신축성은 있기 때문에 고무뜨기에서도 별 문제없이 사용할 수 있습니다. 오히려 많이 넓어지지 않아서 머플러 등을 만들 때 적합합니다. 겉모습이 신경 쓰이지 않는다면 초보자의 경우에는 뜨기 쉬운 방법으로 시작코를 만드세요. 꿰맬 때도 코막음으로 하는 것이 좋습니다.

되돌아뜨기 (왼쪽 어깨 경사 만들기)

뒤판의 오른쪽 어깨, 앞판의 왼쪽 어깨에서 뜹니다.
p.158과 좌우대칭이 되나, 되돌아뜨기를 조작하는 단은
오른쪽 어깨와 왼쪽 어깨에서 1단이 어긋납니다.

❶ 앞단의 마지막 5코를 뜨지 않고 남긴 뒤 되돌아서 첫째 단을 뜬다. 오른쪽 바늘에 걸기코를 한다.

❷ 실을 뒤쪽에 둔 뒤 여섯째 코를 뜨지 않고 오른쪽 바늘로 옮긴다. 일곱째 코부터는 겉코로 셋째 단을 뜬다.

❸ 첫째 단을 뜬 모습.

❹ 둘째 단. 첫째 단의 5코를 남긴 뒤 뜨개지를 겉으로 뒤집는다.

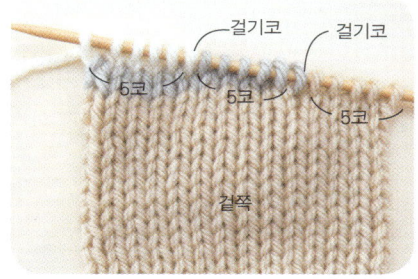

❺ ❷와 같은 방법으로, 걸기코를 하고 나서 다음 코를 뜨지 않고 오른쪽 바늘로 옮긴 뒤 셋째 단을 뜬다. 걸기코만큼 코의 수가 늘어나 있다.

❻ 마지막에 1단, '단 정리'를 뜬다. 걸기코의 앞쪽까지 뜨고 나면 걸기코가 위쪽이 되도록 코를 바꿔 넣은 뒤 걸기코와 다음 코를 함께 안코로 뜬다.

❼ 코를 바꿔 넣고 있는 모습. 2코를 왼쪽 바늘로 옮긴 뒤 2코를 함께 안코로 뜬다.

❽ ❼을 뜨고 있는 모습.

❾ 늘어난 걸기코를 사진처럼 줄인 뒤 경사를 완만하게 한다. 그래서 이 단을 '단 정리'라고 부른다.

되돌아뜨기
(오른쪽 어깨 경사 만들기)

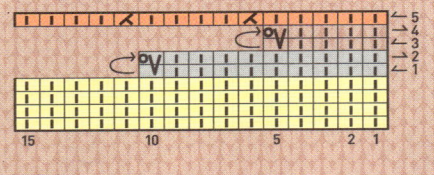

주로 어깨에 경사를 만들 때 사용되는 뜨개법입니다.
뒤판의 왼쪽 어깨, 앞판의 오른쪽 어깨에 사용합니다.
뜨개지가 경사가 지도록 도중에 여러 번 되돌아가면서 뜹니다.
여기서는 5코씩 2회 반복하는 되돌아뜨기로 설명합니다.

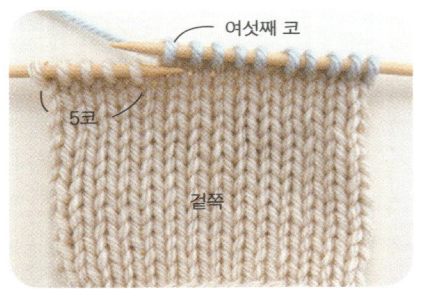

❶ 되돌아뜨기의 첫째 단. 마지막의 5코를 뜨지 않고 남긴다.

❷ 둘째 단. 뜨개지를 뒤집은 뒤 오른쪽 바늘에 1코 건다(▶p.54 걸기코).

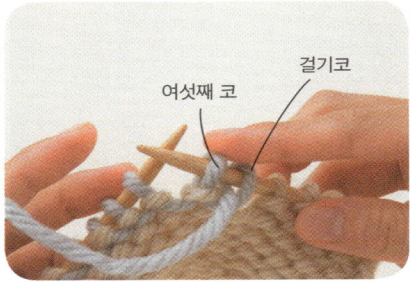

❸ 실을 앞쪽에 둔 뒤 여섯째 코를 뜨지 않고 오른쪽 바늘로 옮긴다. 일곱째 코부터는 안코로 둘째 단을 뜬다.

❹ 셋째 단. 둘째 단의 마지막 5코를 남긴 뒤 되돌아뜬다.

❺ 넷째 단. 뜨개지를 뒤집은 뒤 3과 같은 방법으로 걸기코를 만든다. 다음 코를 뜨지 않고 오른쪽 바늘로 옮긴 뒤 넷째 단을 뜬다.

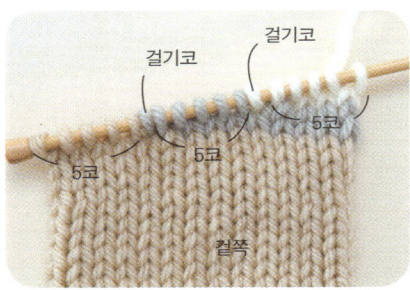

❻ 넷째 단을 완성한 모습. 걸기코만큼 코의 수가 늘어나 있다.

❼ 마지막에 1단, '단 정리'를 뜬다. 걸기코의 앞쪽까지 뜬다. 걸기코와 다음 코에 왼쪽(화살표 방향)에서 바늘을 넣는다.

❽ 걸기코와 다음 코를 함께 겉코로 뜬다.

❾ 늘어난 걸기코를 사진처럼 줄인 뒤 경사를 완만하게 한다. 그래서 p.157과 마찬가지로 '단 정리'라고 부른다.

코 줄이기와 코 늘리기의 기호 보는 법

목둘레, 소매밑단, 소매산 등, 코 늘리기나 코 줄이기를 할 때는 기호들이 낯설기만 합니다. 여기서 기호 보는 법을 설명합니다.

코 줄이기

전체도안

진동둘레 줄이는 법
아래쪽에서 위쪽을 향해 읽습니다. 우선 진동둘레의 처음에 나오는 '1~3~1'은 '1단마다 3코를 1회 줄인다'는 의미로 첫째 단을 뜰 때 3코 코막음을 해서 코를 줄입니다. 계속해서 '2단마다 2코 2회' '2단마다 1코 3회' '4단마다 1코 2회'로 코를 줄이면서 위쪽을 향해 떠 나갑니다.

뜨개도안

왼쪽 진동둘레의 코 줄이기
왼쪽(짝수단에서 시작되는 코 줄이기)에서 2코 이상 줄일 경우 오른쪽과는 1단 어긋난다.

목둘레의 코 줄이기
오른쪽(짝수단에서 시작되는 코 줄이기)에서 2코 이상 줄일 경우, 1단 어긋난다.

오른쪽 진동둘레의 코 줄이기
오른쪽(홀수단에서 시작되는 코 줄이기)은 기호대로 뜬다.

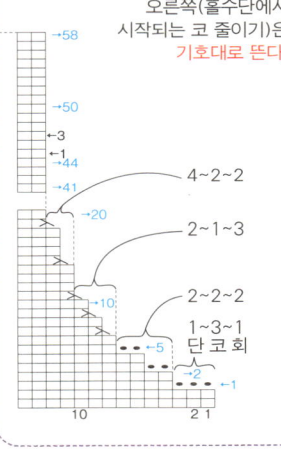

진동둘레, 목둘레 등 코 줄이기가 좌우대칭인 경우에는 줄이는 법이 한쪽에만 표기되어 있습니다. 한쪽을 참고하면서 좌우대칭으로 뜨는데 2코 이상 줄일 경우에는 좌우를 동일한 단이 아닌 1단 어긋나게 하여 조작합니다.

코 늘리기

전체도안

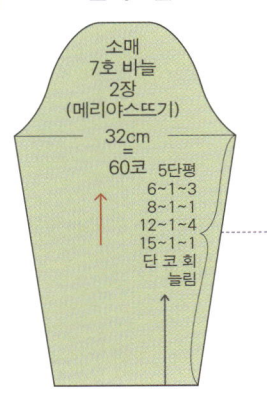

진동둘레의 코 늘리기의 기호 보는 법
아래쪽에서 위쪽을 향해 읽습니다. 우선 소매밑단의 처음에 나오는 '15~1~1'은 '15단마다 1코를 1회 늘린다'는 의미로 15단째를 뜰 때 1코 코 늘리기를 합니다. 계속해서 '12단마다 1코 4회' '8단마다 1코 1회' '6단마다 1코 3회'로 코를 늘리면서 위쪽을 향해 떠 나가며 마지막에는 '5단' 코 늘리기를 하지 않고 뜹니다.

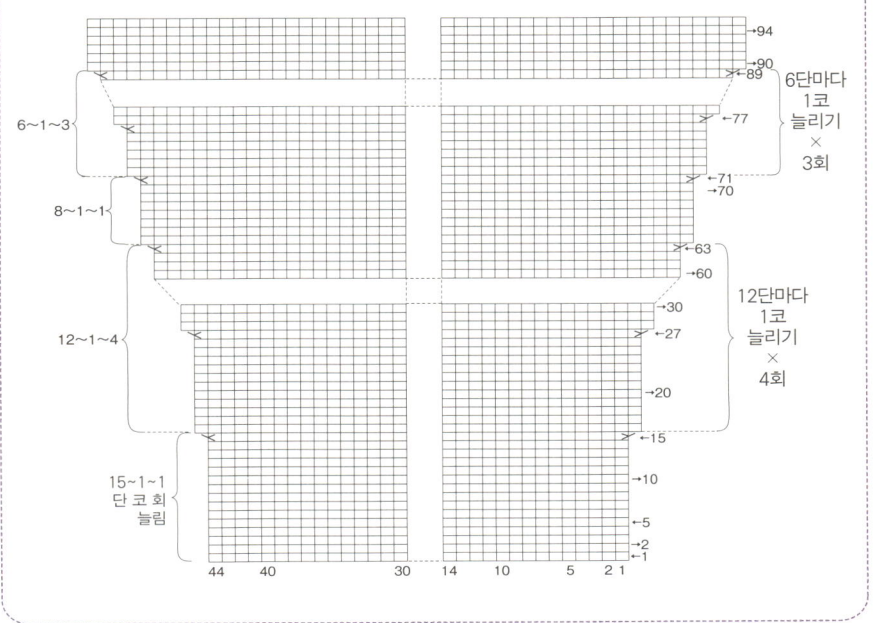

목둘레 코줍기

목둘레는 몸판의 어깨를 맞추어 잇고 나서 코를 줍습니다. 곡선에서 코를 주울 때는 지정된 콧수를 라인이 부드러워지도록 균형 있게 분산시켜서 줍는 것이 포인트입니다.

포인트는 곡선 줍는 방법

계단모양으로 되어 있는 가장자리 끝코를 완만한 곡선을 그리듯이 줍습니다. 모서리 부분 코(×)는 줍지 않습니다. 사진과 같은 순서로 줍는 부분을 분할하면서 시침핀을 꽂아 똑같이 나눈 뒤 주울 콧수도 똑같이 나눕니다.

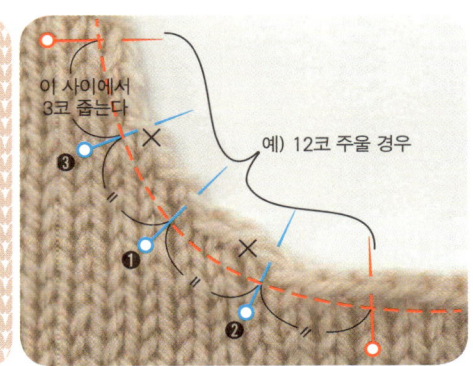

목둘레의 코를 줍는 위치

코막음 부분은 콧수를 약간 줄여서 줍는 경우가 많다
예를 들면 22코 코막음에 20코

이은 코는 줍지 않는다

※위에 기재된 내용을 참고하여 균등하게 줍는다

코막음 부분은 콧수를 약간 줄여서 줍는다
예를 들면 12코 코막음에 10코

코 줍는 법

❶ 왼쪽 어깨의 이은 코의 오른쪽에서 왼쪽방향으로 주워 나간다. 코를 주울 위치에 바늘을 넣는다. 이은 코에서는 코를 줍지 않는다.

❷ 바늘에 실을 건 뒤 뜨개코에서 끌어낸다. 코를 바늘에 건 상태에서 반복한다.

❸ 3코 주운 모습. 코의 간격이 달라지지 않도록 균형을 맞춰 줍는다.

덮어씌우기
(메리야스뜨기 1코씩 줍기)

옷의 옆선이나 소매밑단 등에 사용하는 일반적인 꿰매기 방법.
털실용 돗바늘을 사용하여 뜨개지의 겉쪽에서 꿰맵니다.

안쪽

❶ 꿰맬 실을 돗바늘에 끼운다. 시작코에 돗바늘을 안쪽에서 넣는다. 실은 꿰맬 길이의 4배 정도를 준비한다.

❷ 오른쪽 뜨개지의 끝코와 다음 코 사이에 걸쳐져 있는 실을 줍는다.

❸ 실을 조인다.

❹ 왼쪽 뜨개지도 끝코와 다음 코 사이에 걸쳐져 있는 실을 줍는다.

❺ 양쪽의 뜨개지에서 같은 방법으로 1단마다 번갈아 실을 주워서 꿰매 나간다.

❻ 실을 조인다. 너무 세게 잡아당기지 않도록 한다.

❼ 끝까지 다 꿰매고 나면 오른쪽 뜨개지의 코막음을 줍는다.

❽ 왼쪽 뜨개지의 코막음도 주운 뒤 실을 조이고, 안쪽에서 실 처리(▶p.39)를 한다.

덮어씌우기
(1코 고무뜨기 1코 줍기)

① 꿰맬 실을 돗바늘에 끼운다. 시작코에 돗바늘을 안쪽에서 넣는다(왼쪽 뜨개지는 끝 2코 겉코의 1코 고무뜨기).

② 오른쪽 뜨개지의 끝코와 다음 코 사이에 걸쳐져 있는 실을 줍는다.

③ 왼쪽 뜨개지도 끝코와 다음 코 사이에 걸쳐져 있는 실을 줍는다.

④ 양쪽 뜨개지에서 같은 방법으로 1단마다 번갈아 실을 주워서 꿰매 나간다.

⑤ 실을 조인다. 너무 세게 잡아당기지 않도록 한다. 이렇게 반복하며 끝까지 꿰맨다. 안쪽에서 실 처리(▶p.39)를 한다.

덮어씌우기
(2코 고무뜨기 1코 줄기)

❶ 꿰맬 실을 돗바늘에 끼운다. 시작코에 돗바늘을 안쪽에서 넣는다.

❷ 오른쪽 뜨개지의 끝코와 다음 코 사이에 걸쳐져 있는 실을 줍는다.

❸ 왼쪽 뜨개지도 끝코와 다음 코 사이에 걸쳐져 있는 실을 줍는다.

❹ 양쪽 뜨개지에서 같은 방법으로 1단마다 번갈아 실을 주워서 꿰매 나간다.

❺ 실을 조인다. 너무 세게 잡아당기지 않도록 한다. 이렇게 반복하며 끝까지 꿰맨다. 안쪽에서 실 처리(▶p.39)를 한다.

덮어씌우기
(메리야스뜨기 반코씩 줄기)

❶ 실 끝을 돗바늘에 끼운다. 시작코에 돗바늘을 안쪽에서 넣는다.

❷ 오른쪽 뜨개지의 끝코 사이에 걸쳐져 있는 실을 줍는다.

❸ 왼쪽 뜨개지의 끝코 사이에 걸쳐져 있는 실을 줍는다.

❹ 양쪽 뜨개지에서 같은 방법으로 1단마다 번갈아 주워서 꿰매 나간다.

❺ 실을 조인다. 너무 세게 잡아당기지 않도록 한다. 이렇게 반복하며 끝까지 꿰맨다. 안쪽에서 실 처리(▶p.39)를 한다.

덮어씌우기
(가터뜨기의 경우)

❶ 꿰맬 실을 돗바늘에 끼운다. 시작코에 돗바늘을 안쪽에서 넣는다.

❷ 오른쪽 뜨개지의 끝코와 다음 코 사이에 걸쳐져 있는 실을 줍는다.

❸ 왼쪽 뜨개지에서 안코의 단의 끝코 사이에 걸쳐져 있는 실을 줍는다.

❹ 오른쪽 뜨개지에서 끝코와 다음 코 사이에 걸쳐져 있는 실, 왼쪽 뜨개지에서 끝코 사이에 걸쳐져 있는 실을 번갈아 주워서 꿰매 나간다.

❺ 실을 조인다. 너무 세게 잡아당기지 않도록 한다. 2단마다 안코를 꿰매 나간다. 이것을 반복하며 끝까지 꿰맨다.

덮어씌우기
(줄임코에서 줍기)

줄임코 부분에만 반코, 그 외에는 1코를 줍습니다.

❶ 꿰맬 실을 돗바늘에 끼운다. 시작코에 돗바늘을 안쪽에서 넣은 뒤 양쪽 뜨개지의 끝코와 다음 코 사이에 걸쳐져 있는 실을 번갈아 주워서 꿰맨다.

❷ 뜨개지의 줄임코의 1단 아래에서는 양쪽 모두 끝코 사이에 걸쳐져 있는 실을 줍는다.

❸ 뜨개지의 줄임코의 단. 이 부분은 걸쳐진 코보다 안쪽에 있는 끝코와 다음 코 사이에 걸쳐져 있는 실을 줍는다.

❹ 양쪽 모두 같은 방법으로 걸쳐져 있는 실을 줍는다.

❺ 실을 조인다. 이것을 반복하여 줄임코 부분을 꿰맨다.

덮어씌우기
(늘림코에서 줍기)

늘림코 부분에만 반코, 그 외에는 1코를 줍습니다.

❶ 꿰맬 실을 돗바늘에 끼운다. 시작코에 돗바늘을 안쪽에서 넣은 뒤 양쪽 뜨개지의 끝코와 다음 코 사이에 걸쳐져 있는 실을 번갈아 주워서 꿰맨다.

❷ 양쪽 모두 늘림코의 단은 끝코의 사이에 걸쳐져 있는 실을 줍는다.

❸ 늘림코의 다음 단은 양쪽 모두 끝코와 다음 코 사이에 걸쳐져 있는 실을 줍는다.

❹ 늘림코의 다음 단에서 실을 줍고 있는 모습.

❺ 실을 조인다. 너무 세게 잡아당기기 않도록 한다. 이것을 반복하여 늘림코 부분을 꿰맨다.

빼뜨기 꿰매기

코바늘을 사용하여 안쪽을 보며 꿰매는 방법. 편물이 잘 늘어나지 않게 되므로 실을 너무 잡아당기지 않도록 주의합니다. 주로 소매를 달 때 사용됩니다.

반대쪽

겉쪽
안쪽

① 뜨개지를 겉끼리 맞댄 뒤 첫째 단의 끝코에 코바늘을 넣고 바늘에 실을 건다.

② 바늘에 걸려 있는 뜨개코 사이로 실을 빼낸다.

③ 다음 단의 끝코와 다음 코 사이에 코바늘을 놓는다.

④ 바늘에 실을 건 뒤 바늘에 걸려 있는 편물과 ②에서 생긴 고리 사이로 실을 빼낸다.

⑤ 실을 끌어낸 모습. 1, 2단 간격으로 이것을 반복하며 끝까지 꿰맨다.

빼뜨기 꿰매기
(곡선의 경우)

2장이 어긋나지 않도록 해서 한 코 한 코 주의하면서 꿰맵니다.

❶ 뜨개지를 겉끼리 맞댄 뒤 왼쪽 페이지의 '빼뜨기 꿰매기' ❶~❺와 같은 방법으로 꿰매 나간다.

❷ 늘림코의 단은 구멍이 나기 쉬우므로 그 앞쪽의 단에서 끝코 사이에 코바늘을 넣어서 빼낸다.

❸ 늘림코의 단. 끝코와 다음 코 사이에 코바늘을 넣어서 빼낸다.

❹ 이것을 반복하여 끝까지 꿰맨다.

❺ 늘림코의 끝까지 꿰맨 모습.

덮어서 꿰매기

목둘레나 밑단에 고무뜨기를 하지 않는 경우에
사용하는 꿰매기 방법.
안쪽에서 꿰맵니다.

안쪽

겉쪽

① 꿰맬 길이의 3배 정도 되는 실을 돗바늘에 끼운다. 뜨개지 아랫단의 코에 한번 끼우고 나서 꿰맬 위치의 끝코 머리를 갈라서 줍는다.

② 아랫단 코의 반코를 줍는다.

③ 꿰맬 위치의 다음 코 머리를 갈라서 줍는다.

④ 아랫단 코의 반코를 줍는다.

⑤ 이것을 반복하여 여러 코마다 실을 조이면서 끝까지 꿰맨다. 안쪽에서 실 처리(▶p.39)를 한다.

덮어서 꿰매기
(코가 바늘에 걸려 있는 경우)

끝부분에서 바늘에 실이 걸려 있는 상태에서
덮어서 꿰매기를 합니다.
꿰맨 코가 겹치지 않아 깔끔해 보입니다.

 안쪽
 겉쪽

❶ 꿰맬 길이의 3배 정도의 실을 돗바늘에 끼운다. 대바늘에 걸려 있는 코를 뒤쪽에서(▶p.209) 줍는다.

❷ 꿰맬 위치의 끝코와 다음 둘째 코의 머리를 사진처럼 줍는다.

❸ 대바늘에 걸려 있는 끝코를 앞쪽에서(▶p.209) 줍고, 둘째 코를 뒤쪽에서 주운 뒤 끝코를 대바늘에서 빼낸다.

❹ 꿰맬 위치의 ❷에서 주운 둘째 코의 머리와 셋째 코의 머리를 사진처럼 줍는다.

❺ ❸,❹를 반복하여 끝까지 꿰맨다. 안쪽에서 실 처리(▶p.39)를 한다.

메리야스 잇기
(코가 바늘에 걸려 있는 경우)

메리야스뜨기가 계속 이어지는 것처럼 보이는 연결 방법입니다.
어깨죽지 등을 이을 때 사용됩니다.

❶ 끝부분의 실을 이을 길이의 6배 정도로 자른 뒤 돗바늘에 끼운다. 아래쪽 뜨개지의 끝코에 뒤쪽에서 돗바늘을 넣는다.

❷ 위쪽 뜨개지의 끝코에 안쪽에서 돗바늘을 넣어서 실을 잡아당긴다. 끝부분끼리 맞추어 이을 경우에는 반코 어긋난다.

❸ 아래쪽 뜨개지의 끝코 앞쪽에서 돗바늘을 넣은 뒤 둘째 코 뒤쪽에서 돗바늘을 넣고, 끝코와 둘째 코를 대바늘에서 빼낸다.

❹ 1코와 같은 크기가 되도록 실을 조인다. 너무 잡아당기지 않도록 주의한다.

❺ 위쪽 뜨개지의 끝코와 둘째 코에 ❹의 화살표처럼 바늘을 넣는다. 실을 조인 뒤 끝코와 둘째 코를 대바늘에서 빼낸다.

❻ 아래쪽 뜨개지의 둘째 코를 앞쪽에서 주운 뒤 셋째 코를 뒤쪽에서 줍는다.

❼ 1코와 같은 크기가 되도록 실을 조인다. ❹~❼을 반복하여 뜨개지의 끝까지 맞추어 잇는다.

❽ 끝까지 다 이은 모습. 위쪽 뜨개지의 마지막 둘째 코와 마지막 코에 돗바늘을 넣어서 실을 조인 뒤 대바늘에서 빼낸다.

❾ 아래쪽 뜨개지의 끝코 앞쪽에서 돗바늘을 넣어서 실을 조인 뒤 대바늘에서 빼낸다.

⑩ 한 번 더 위쪽 뜨개지의 끝코에 돗바늘을 넣는다.

⑪ 다 이은 모습. 안쪽에서 실 처리(▶p.39)를 한다.

메리야스 잇기
(코막음된 부분끼리 잇는 경우)

코막음된 편물을 잇는 방법.
늘어나지 않기 때문에 어깻죽지 등에 사용되지만
두께감이 있기 때문에 굵은 실에는 적합하지 않습니다.

❶ 끝부분의 실을 이을 길이의 6배 정도로 자른 뒤 돗바늘에 끼운다. 아래쪽 뜨개지의 끝코의 반코에 안쪽에서 돗바늘을 넣는다.

❷ 위쪽 뜨개지의 마지막 단의 끝코의 반코에 안쪽에서 돗바늘을 넣는다. 끝부분끼리 맞추어 이을 경우에는 반코 어긋난다.

❸ 아래쪽 뜨개지의 끝코의 반코와 둘째 코의 반코를 줍는다.

❹ 위쪽 뜨개지의 끝코의 반코와 둘째 코의 반코를 줍는다.

❺ 이것을 반복하여 끝까지 맞추어 잇는다. 1코와 같은 크기가 되도록 실을 조인다. 안쪽에서 실 처리(▶p.39)를 한다.

가터 잇기

가터뜨기의 편물을 맞추어 이을 때 눈에 잘 띄지 않는 방법입니다.

❶ 끝부분의 실을 이을 길이의 6배 정도로 자른 뒤 돗바늘에 끼운다. 위쪽 뜨개지의 끝코에 돗바늘을 넣는다.

❷ 아래쪽 뜨개지의 끝코에 앞쪽에서 돗바늘을 넣은 뒤 둘째 코에 뒤쪽에서 돗바늘을 넣어서 실을 조이고 대바늘에서 빼낸다.

❸ 위쪽 뜨개지의 끝코에 아래쪽에서 위쪽으로 돗바늘을 넣는다.

❹ 둘째 코에 사진의 방향처럼 돗바늘을 넣어서 실을 조인 뒤 대바늘에서 빼낸다. 1코와 같은 크기가 되도록 실을 조인다.

❺ 이것을 반복하여 끝까지 맞추어 잇는다. 마지막에 남아있는 반코에 돗바늘을 넣고 실을 조인다. 안쪽에서 실 처리(▶p.39)를 한다.

안메리야스 잇기

안메리야스뜨기가 계속 이어져 있는 것처럼 보이는 연결 방법입니다.
이을 길이의 4배 정도의 실이 필요합니다.

❶ 끝부분의 실을 이을 길이의 4배 정도로 자른 뒤 돗바늘에 끼운다. 아래쪽 뜨개지의 끝코에 앞쪽에서 돗바늘을 넣는다.

❷ 위쪽 뜨개지의 끝코에 사진처럼 돗바늘을 넣는다.

❸ 아래쪽 뜨개지의 끝코를 뒤쪽에서 주운 뒤 둘째 코를 앞쪽에서 줍는다.

❹ 실을 잡아당긴 뒤 대바늘에서 코를 빼낸다.

❺ 위쪽 뜨개지의 끝코에 사진처럼 돗바늘을 넣는다.

❻ 둘째 코에도 사진처럼 돗바늘을 넣고 실을 잡아당긴 뒤 바늘에서 코를 빼낸다. 1코와 같은 크기가 되도록 실을 조인다.

❼ 아래쪽 뜨개지의 둘째 코 뒤쪽에서 바늘을 넣는다.

❽ 셋째 코 앞쪽에서 바늘을 넣는다. ❺~❽을 반복하여 끝까지 맞추어 잇는다.

❾ 다 이은 모습. 위쪽 뜨개지의 끝코에 돗바늘을 넣는다. 안쪽에서 실 처리(▶p.39)를 한다.

빼뜨기 잇기

코바늘을 사용하여 안쪽에서 잇는 방법.
편물이 늘어나지 않고 확실히 이어지기 때문에
일반적으로 어깨 등에 사용됩니다.
끝부분의 실을 사용합니다.

❶ 뜨개지를 겉끼리 맞댄 뒤 양쪽의 끝코를 앞쪽에서 코바늘을 넣어 대바늘에서 빼낸다. 코가 비틀리지 않도록 주의한다. 코바늘에 끝부분의 실을 건 뒤 뜨개코에서 빼낸다.

❷ 빼낸 모습.

❸ 다음 코도 ❶의 화살표처럼 앞쪽에서 코바늘을 넣는다.

❹ 뒤쪽 뜨개지의 다음 코 앞쪽에서 코바늘을 넣는다.

❺ 왼쪽 바늘에서 코를 빼낸 뒤 코바늘에 실을 걸고, 바늘에 걸려 있는 모든 고리 사이로 실을 빼낸다.

❻ 빼낸 모습. 이것을 반복하여 끝까지 맞추어 잇는다.

❼ 다 이은 모습. 끝코도 똑같이 코바늘로 빼낸다.

❽ 코를 빼낸 모습.

❾ 실을 20cm 정도 남기고 자른 뒤 마지막 코에 통과시켜서 조인다. 안쪽에서 실 처리(▶p.39)를 한다.

덮어씌워 잇기

코바늘을 사용하여 안쪽에서 잇는 방법.
이은 코가 '빼뜨기 잇기'보다 1코만큼 길게 나오지만
그보다 더 부드럽게 완성됩니다.
끝부분의 실을 사용합니다.

겉쪽

❶ 뜨개지를 겉끼리 맞댄 뒤 양쪽의 끝코에 앞쪽에서 코바늘을 넣고 대바늘에서 빼낸다. 코가 비틀리지 않도록 주의한다. 코바늘 뒤쪽의 코를 앞쪽의 코에서 빼낸다.

❷ 코를 빼낸 모습.

❸ 코바늘에 끝부분의 실을 걸어서 빼낸다.

❹ 실을 빼낸 모습. 다음 코에 코바늘을 넣는다.

❺ 대바늘에서 빼낸 뒤 뒤쪽의 코를 앞쪽의 코에서 빼낸다.

❻ 코를 빼낸 모습.

❼ 코바늘에 실을 건 뒤 바늘에 걸려 있는 모든 고리 사이로 실을 빼낸다.

❽ 실을 빼낸 모습. 이것을 반복하여 끝까지 맞추어 잇는다. 안쪽에서 실 처리(▶p.39)를 한다.

코와 단 잇기

소매를 몸판에 달 때 사용되는 방법.
코의 수와 단의 수에 차이가 있기 때문에
잇기 전에 시침핀으로 고정하고 나서 잇는 것이 좋습니다.

❶ 끝부분의 실을 이을 길이의 4배 정도로 자른 뒤 돗바늘에 끼운다. 바늘에 걸려 있는 끝코에 뒤쪽에서 돗바늘을 넣어서 실을 조이고 대바늘에서 빼낸다.

❷ 맞추어 이을 뜨개지의 시작코 끝부분에 안쪽에서 돗바늘을 넣는다.

❸ 아래쪽 뜨개지의 끝코에 앞쪽에서 돗바늘을 넣는다.

❹ 계속해서 둘째 코 뒤쪽에서 돗바늘을 넣는다.

❺ 실을 잡아당긴 뒤 코를 대바늘에서 빼낸다. 1코와 같은 크기가 되도록 실을 조인다.

❻ 위쪽 뜨개지의 끝코와 다음 코 사이에 걸쳐져 있는 실을 2단분 줍는다.

❼ 실을 잡아당긴다.

❽ 둘째 코 앞쪽에서 돗바늘을 넣은 뒤 셋째 코 뒤쪽에서 돗바늘을 넣는다.

❾ 실을 잡아당긴 뒤 코를 대바늘에서 빼낸다. ❻~❾를 반복하여 끝까지 맞추어 잇는다. 안쪽에서 실 처리(▶p.39)를 한다.

1코 고무뜨기 막기
(끝 2코가 겉코인 경우)

털실용 돗바늘을 사용하여 코를 막는 방법으로 끝코도 고무뜨기처럼 보여서 마무리가 깔끔합니다. 실은 코를 막을 길이의 4배 정도 준비합니다.

❶ 실을 돗바늘에 끼운 뒤 끝의 겉코 2코에 뒤쪽에서 돗바늘을 넣는다.

❷ 실을 잡아당긴 뒤, 첫째 코(겉코)에 앞쪽에서 돗바늘을 넣고 첫째 코와 둘째 코(겉코)를 대바늘에서 빼낸다.

❸ 셋째 코(안코)의 앞쪽에서 돗바늘을 끼운 뒤 실을 잡아당긴다.

❹ 실을 잡아당겨서 조인 모습. 너무 세게 잡아당기지 않도록 주의한다.

❺ 계속해서 둘째 코(겉코)와 넷째 코(겉코)를 막는다. 둘째 코는 앞쪽에서, 넷째 코는 뒤쪽에서 돗바늘을 넣는다.

❻ 실을 잡아당긴다.

❼ 셋째 코 뒤쪽에서 돗바늘을 넣은 뒤 셋째 코와 넷째 코를 대바늘에서 빼낸다.

❽ 다섯째 코(안코) 앞쪽에서 돗바늘을 넣는다.

❾ 실을 잡아당긴다. ❺~❾를 반복하여 고무뜨기 코가 이어지도록 막아 나간다.

❿ 단의 마지막 코에 바늘을 넣은 모습.

⓫ 끝에서 둘째 코의 안코 뒤쪽에서 돗바늘을 넣어서 실을 잡아당긴 뒤 바늘에서 빼낸다.

⓬ 마지막 코 앞쪽에서 돗바늘을 넣는다.

⓭ 실을 조인 뒤 안쪽에서 실 처리(▶p.39)를 한다.

⓮ 코를 모두 막은 모습.

2코 고무뜨기 막기

'1코 고무뜨기 막기'와는 실을 끼우는 방법이 다르므로 사진을 확실하게 살펴보고 확인합니다.
실은 코를 막을 길이의 4배 정도를 준비하여 돗바늘에 끼워둡니다.

❶ 마지막 단까지 모두 뜨고 나면 시작부분의 2코(겉코) 뒤쪽에서 돗바늘을 넣는다. 실을 잡아당긴 뒤 첫째 코와 둘째 코를 대바늘에서 빼낸다.

❷ 이번에는 첫째 코(겉코) 앞쪽에서 돗바늘을 넣는다.

❸ 셋째 코(안코) 앞쪽에서 돗바늘을 넣는다.

❹ 실을 잡아당긴 뒤 왼쪽 대바늘에서 코를 빼낸다.

❺ 둘째 코 앞쪽에서 돗바늘을 넣은 뒤 안코를 2코 늘린 다섯째 코(겉코) 뒤쪽에서 돗바늘을 넣는다.

❻ 실을 조인 뒤 셋째 코 뒤쪽에서 돗바늘을 넣는다.

❼ 넷째 코(안코) 앞쪽에서 돗바늘을 넣은 뒤 넷째 코를 대바늘에서 빼낸다.

❽ 실을 조인다.

❾ 다섯째 코 앞쪽에서 돗바늘을 넣는다.

❿ 다섯째 코를 대바늘에서 빼낸 뒤 여섯째 코(겉코) 뒤쪽에서 돗바늘을 넣고 실을 잡아당긴다.

⓫ 넷째 코 뒤쪽에서 돗바늘을 넣은 뒤 여섯째 코를 대바늘에서 빼낸다.

⓬ 일곱째 코(안코) 앞쪽에서 돗바늘을 넣고 실을 잡아당긴 뒤 일곱째 코를 대바늘에서 빼낸다. ❺~⓬를 반복하며 코를 막아 나간다.

⓭ 끝부분을 막는다. 끝에서 둘째 코(겉코) 앞쪽에서 돗바늘을 넣는다.

⓮ 마지막 코(겉코) 뒤쪽에서 돗바늘을 넣은 뒤 대바늘을 빼낸다.

⓯ 끝에서 셋째 코(안코) 앞쪽에서 돗바늘을 넣는다.

⓰ 실을 조인다.

⓱ 마지막 코 앞쪽에서 돗바늘을 넣는다.

⓲ 실을 조인 뒤 안쪽에서 실 처리(▶p.39)를 한다.

1코 고무뜨기 막기
(원형으로 뜨는 경우)

주로 소맷부리나 목둘레 등
신축성이 있어야 하는 부분에 사용됩니다.
시작부분과 끝부분에 주의하세요.

❶ 코를 막을 길이의 4배 정도의 실을 준비하여 돗바늘에 끼워둔다. 마지막 단의 시작부분의 첫째 코(겉코)를 대바늘로 옮긴다.

❷ 둘째 코(안코) 앞쪽에서 돗바늘을 넣은 뒤 실을 잡아당긴다.

❸ 실을 뜨개지의 뒤쪽에 둔 뒤 오른쪽 대바늘로 옮겨놓은 첫째 코를 왼쪽 대바늘로 되돌린다.

❹ 첫째 코(겉코)를 앞쪽에서 돗바늘을 넣은 뒤 왼쪽 대바늘에서 빼낸다.

❺ 셋째 코(겉코) 뒤쪽에서 돗바늘을 넣은 뒤 실을 잡아당긴다. 둘째 코를 왼쪽 대바늘에서 빼낸다.

❻ 실을 잡아당긴 뒤 둘째 코(안코)를 왼쪽 대바늘에서 빼낸 모습. 셋째 코도 같은 방법으로 빼낸다.

❼ 둘째 코 뒤쪽에서 돗바늘을 넣은 뒤 넷째 코(겉코) 앞쪽에서 돗바늘을 넣고 실을 잡아당긴다. ❺~❼을 반복한다.

❽ 끝부분의 마지막 코와 그 앞코. 마지막의 겉코 앞쪽에서 돗바늘을 넣는다.

❾ 시작부분의 첫째 코(겉코) 뒤쪽에서 돗바늘을 넣는다.

❿ 끝부분의 마지막 코(안코) 뒤쪽에서 돗바늘을 넣은 뒤 왼쪽 대바늘에서 빼낸다.

⓫ 실을 잡아당겨서 코를 조인다. 안쪽에서 실 처리(▶p.39)를 한다.

2코 고무뜨기 막기
(원형으로 뜨는 경우)

'1코 고무뜨기 막기'와는 코 줍는 방법이 다릅니다.
특히 시작부분과 끝부분을 연결할 때는 주의해야 합니다.

❶ 마지막 단의 시작부분의 첫째 코(겉코) 뒤쪽에서 돗바늘을 넣은 뒤 왼쪽 대바늘에서 빼낸다. 1코 되돌아가서 마지막 코(안코) 앞쪽에서 돗바늘을 넣는다.

❷ 실을 잡아당긴 뒤 첫째 코와 둘째 코(겉코)에 돗바늘을 넣는다. 첫째 코는 앞쪽에서, 둘째 코는 뒤쪽에서 돗바늘을 넣은 뒤 대바늘에서 빼낸다.

❸ 2코 되돌아가서 끝부분의 마지막 코(안코) 뒤쪽에서 돗바늘을 넣은 뒤 오른쪽 대바늘에서 빼낸다.

❹ 셋째 코(안코) 앞쪽에서 돗바늘을 넣은 뒤 실을 잡아당긴다.

❺ 계속해서 '2코 고무뜨기 막기'를 한다. p.182의 ❻~⓬를 참고하여 끝부분의 5코 앞쪽까지 막는다.

❻ 끝부분에서 5코 앞쪽의 코(안코) 뒤쪽에서 돗바늘을 넣은 뒤 2코 앞쪽의 코(안코) 앞쪽에서 돗바늘을 넣는다.

❼ 실을 잡아당긴 뒤 대바늘에서 빼낸다.

❽ 끝부분에서 3코 앞쪽의 코(겉코) 앞쪽에서 돗바늘을 넣은 뒤 시작부분의 첫째 코(겉코) 뒤쪽에서 돗바늘을 넣는다.

❾ 끝부분의 코에서 2코 앞쪽의 코(안코) 뒤쪽에서 돗바늘을 넣는다.

⑩ 마지막 코(안코) 앞쪽에서 돗바늘을 넣는다.

⑪ 실을 조인 뒤 안쪽에서 실 처리(▶p.39)를 한다.

숄칼라 재킷

앞섶과 칼라를 이어서 뜨는 본격적인 옷 만들기

손뜨개에 어느 정도 익숙해졌다면 이제 옷 만들기에도 도전해보세요.
볼륨이 있는 아이템에는 굵으면서도 가벼운 실을 선택합니다.
여러 개의 파트를 맞추어 꿰매는데
몸판의 진동둘레보다 소매산 쪽이 짧기 때문에 약간 잡아당기면서 몸판과 이으면 소매가 엉기지 않습니다.
앞섶과 목둘레는 긴 라인을 한 번에 떠야 되므로
4개짜리 막대바늘을 사용하여 코를 3개의 바늘에 나누어 뜨는 것이 좋습니다.

●주요 사용 테크닉
소매의 코 늘리기
코와 단 잇기
덮어씌우기
빼뜨기 꿰매기
주머니 뜨기
앞섶과 칼라 뜨기

●재료
실 하마나카 바스크 (초극태 타입) 회색(3) 900g
바늘 15호 구슬 달린 2개짜리 막대바늘, 15호 구슬 달린 4개짜리 막대바늘, 10/0호 코바늘, 털실용 돗바늘
그 외 단추(직경 3.5cm) 4개

●게이지
메리야스뜨기 12코×16단(10cm×10cm)

●사이즈
가슴둘레 104cm, 옷길이 73cm, 소매길이 83cm(소매를 접어서 겹치지 않은 상태)

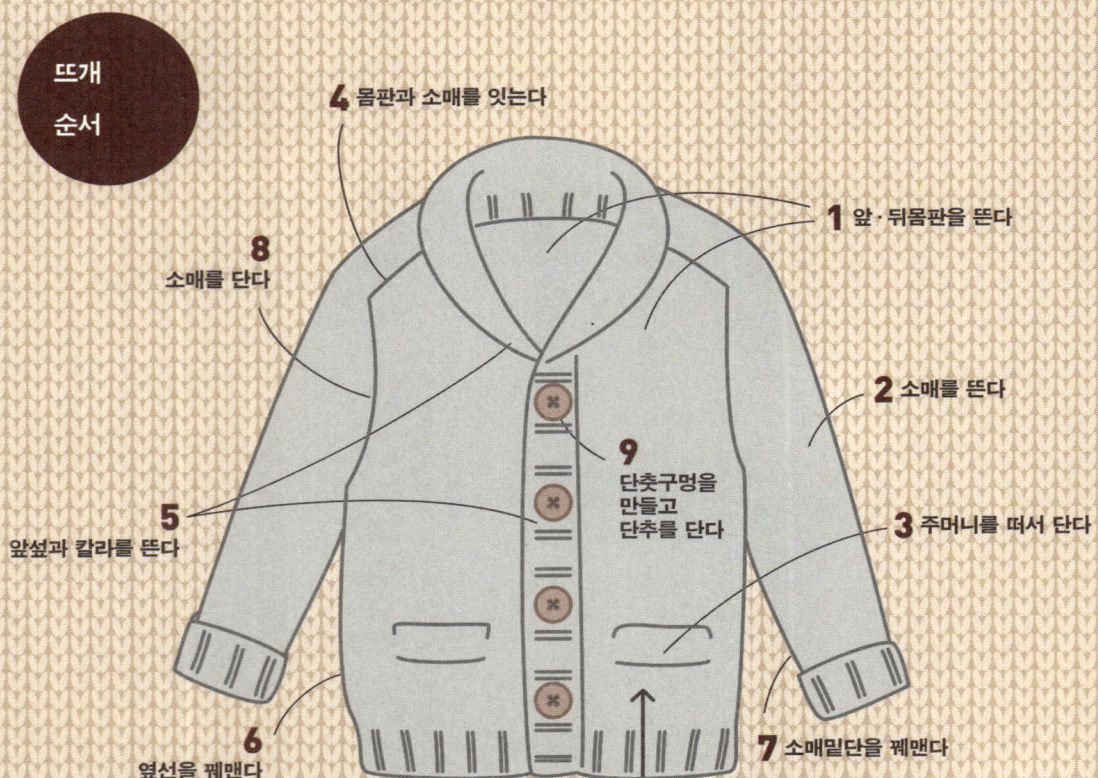

뜨개 순서

1 앞·뒤몸판을 뜬다
2 소매를 뜬다
3 주머니를 떠서 단다
4 몸판과 소매를 잇는다
5 앞섶과 칼라를 뜬다
6 옆선을 꿰맨다
7 소매밑단을 꿰맨다
8 소매를 단다
9 단춧구멍을 만들고 단추를 단다

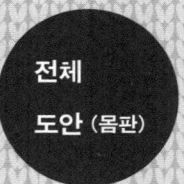

전체 도안 (몸판)

* 소매의 전체도안은 p.193

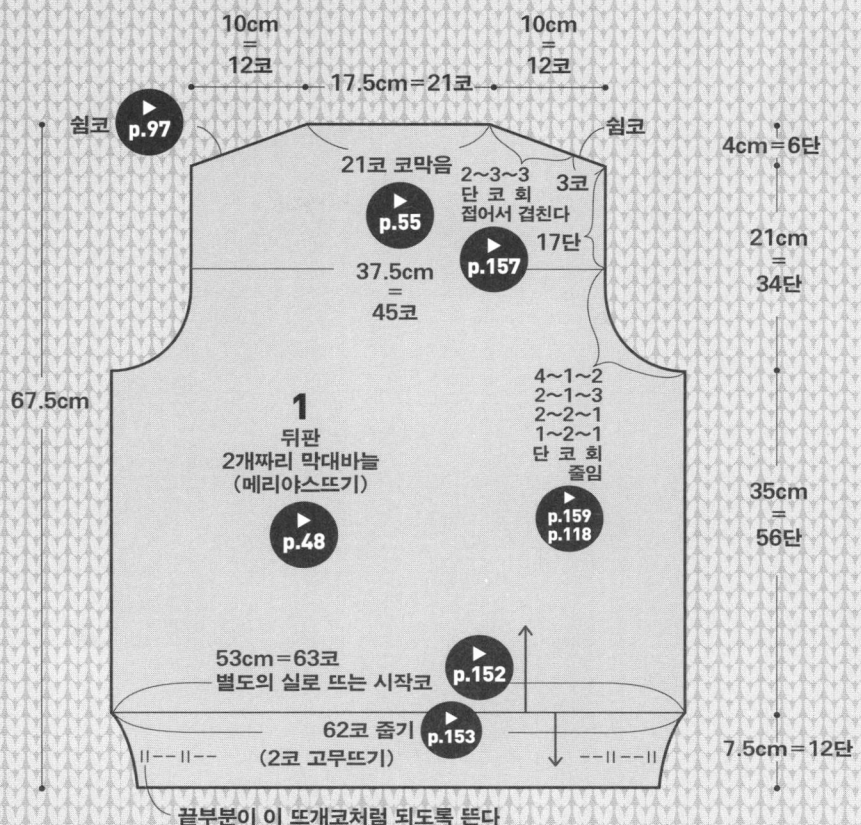

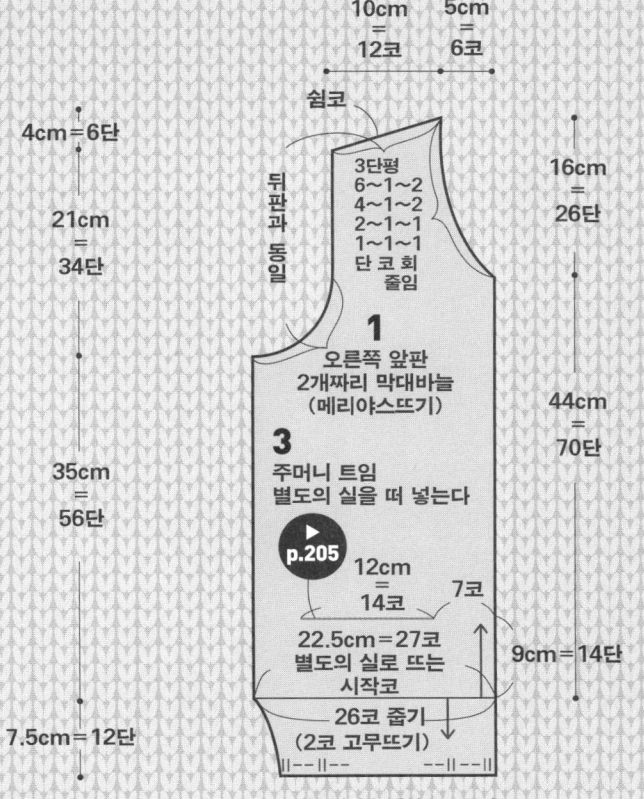

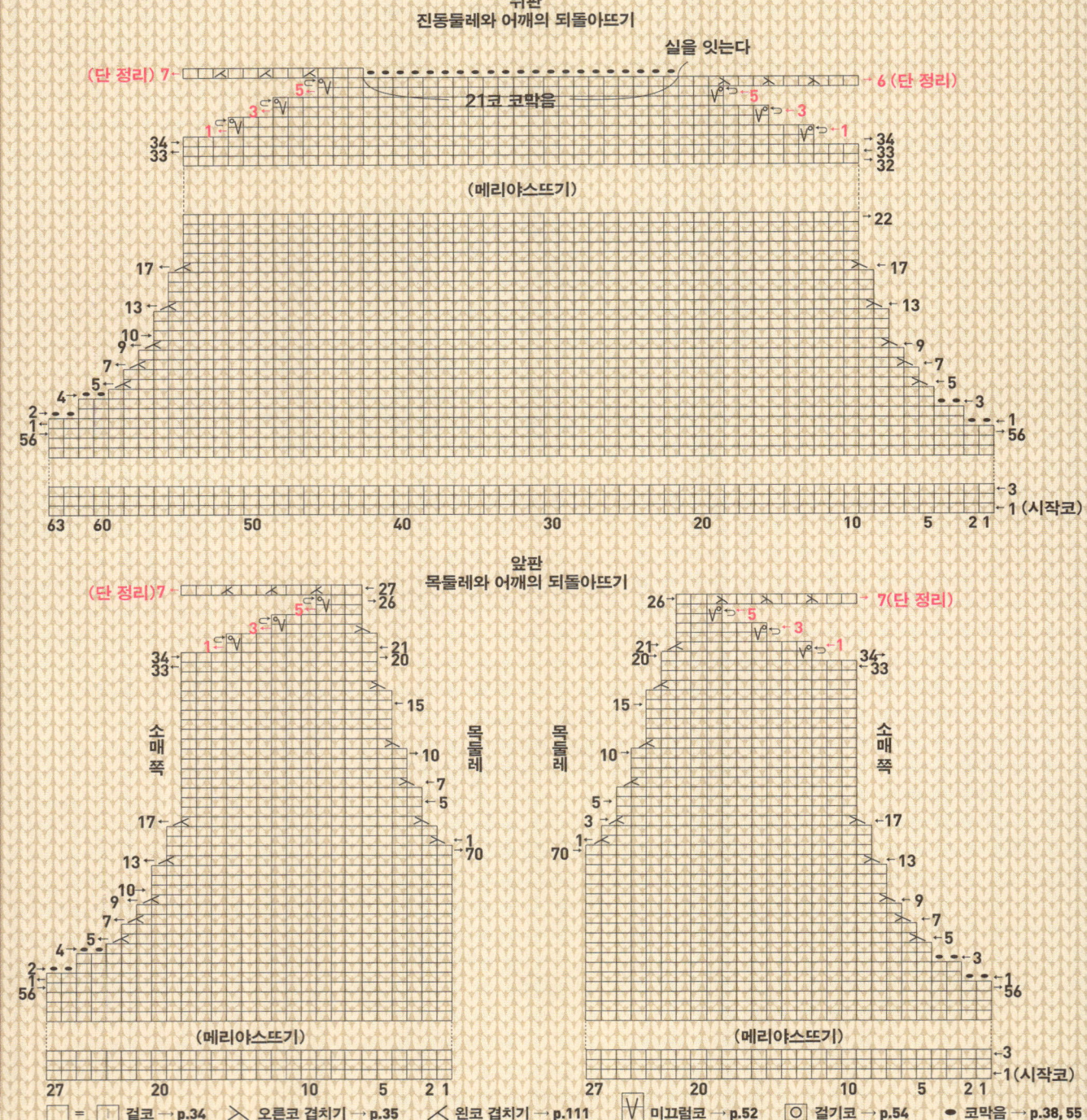

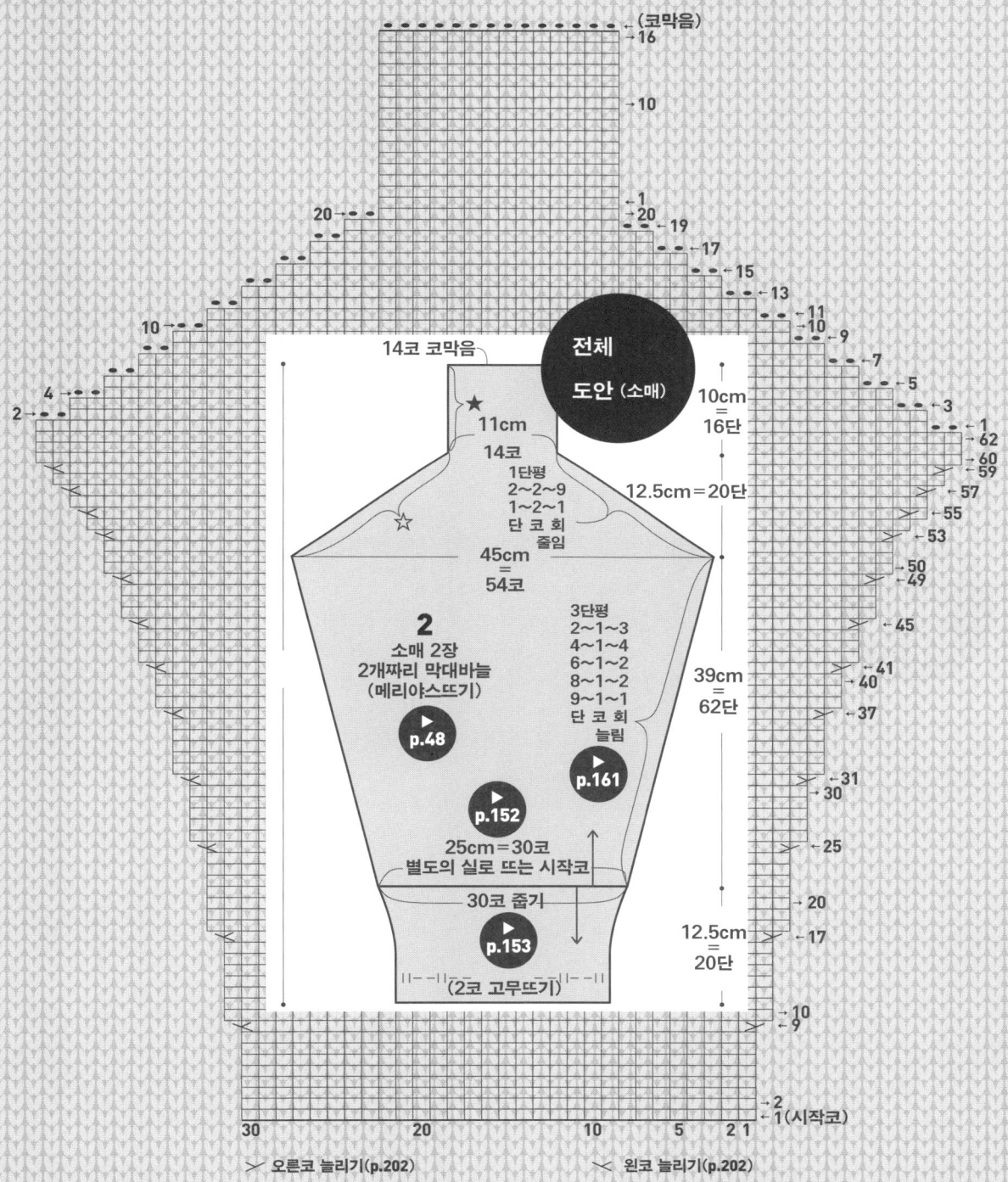

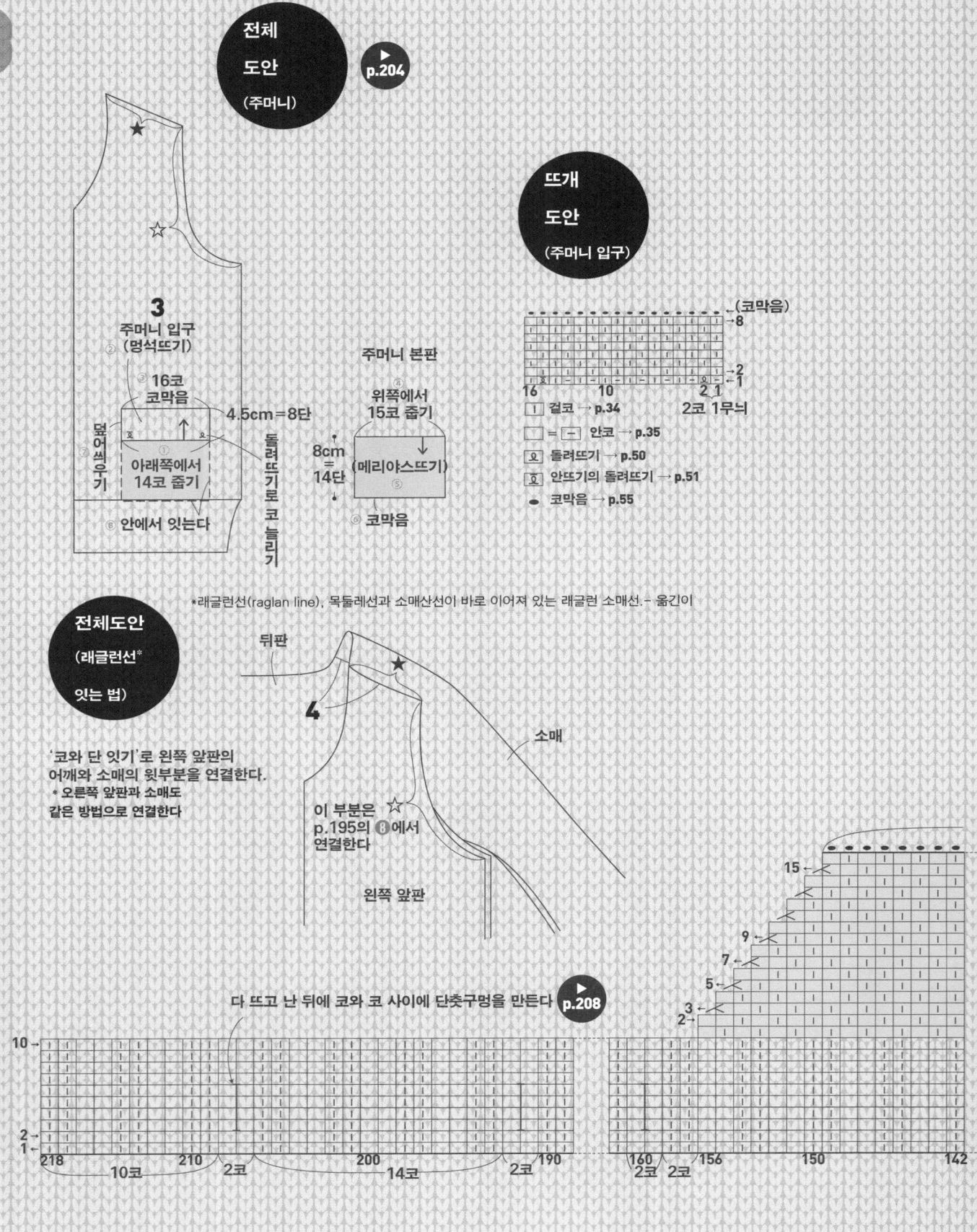

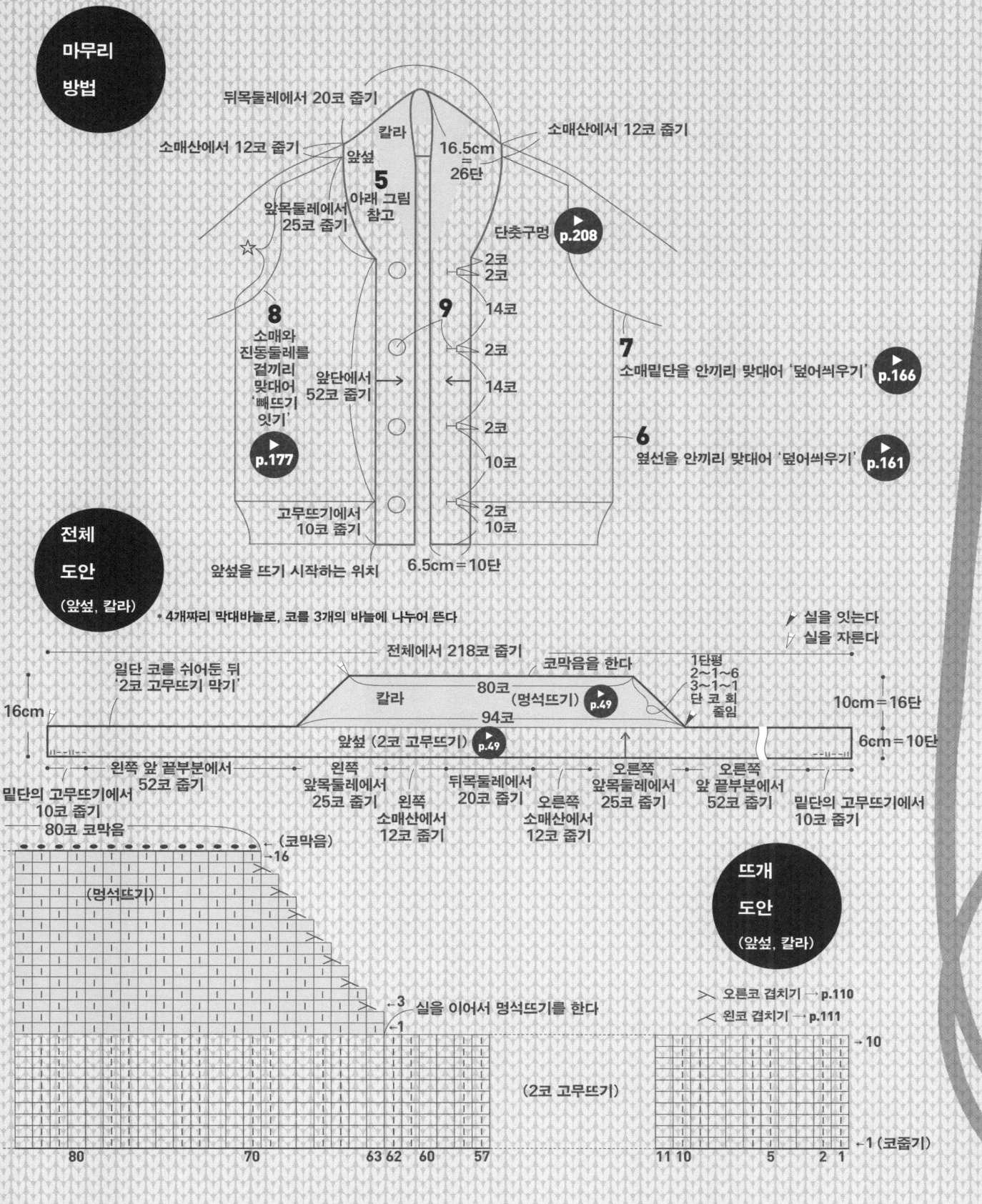

오른코 늘리기
(겉뜨기의 경우)

❶ 늘릴 코의 1단 아래의 코에 화살표처럼 오른쪽 바늘을 넣는다.

❷ 코를 끌어올리면서 겉코를 뜬다.

❸ 겉코를 완성한 모습.

❹ 다음 코를 겉코로 뜬다.

❺ 오른코 늘리기를 완성한 모습.

왼코 늘리기
(겉뜨기의 경우)

❶ 늘릴 코에 겉코를 뜬다.

❶을 뜨고 있는 모습.

❷ 뜬 코의 1단 아랫단의 코에 왼쪽 바늘을 넣어서 끌어올린다.

❸ 끌어올린 코에 겉코를 뜬다.

❹ 왼코 늘리기를 완성한 모습.

오른코 늘리기
(안뜨기의 경우)

❶ 실을 바늘의 앞쪽에 둔 뒤 늘릴 코의 1단 아래의 코에 화살표처럼 오른쪽 바늘을 넣는다.

❷ 코를 끌어올리면서 안코를 뜬다.

❸ 안코를 완성한 모습.

❹ 다음 코를 안코로 뜬다.

❺ 오른코 늘리기를 완성한 모습.

왼코 늘리기
(안뜨기의 경우)

 뜨개기호

❶ 늘릴 코를 안코로 뜬다.

❶을 뜨고 있는 모습.

❷ 뜬 안코의 1단 아래의 코에 왼쪽 바늘을 넣어서 끌어올린다.

❸ 안코를 뜬다.

❹ 왼코 늘리기를 완성한 모습.

감아코로 늘리기
(오른코 늘리기의 경우)

❶ 늘릴 단의 앞단을 다 뜨고 나면 사진처럼 실을 손가락에 걸고 화살표처럼 바늘을 넣는다.

❷ 바늘에 실을 건 뒤 왼쪽 손가락을 뺀다.

❸ 실을 잡아당긴다. 감아코를 1코 완성한 모습.

❹ 이것을 반복하여 늘릴 수만큼의 코(여기서는 3코)를 만든다. 늘림코는 1단으로 세지 않는다.

❺ 뜨개지를 겉으로 뒤집은 뒤 계속해서 뜬다.

감아코로 늘리기
(왼코 늘리기의 경우)

❶ 늘릴 단을 다뜨고 나면 사진처럼 실을 손가락에 걸고 화살표처럼 바늘을 건다.

❷ 바늘에 실을 건 뒤 왼손 손가락을 뺀다.

❸ 실을 잡아당긴다. 감아코를 1코 완성한 모습.

❹ 이것을 반복하여 늘릴 수만큼의 코(여기서는 3코)를 만든다. 늘림코는 1단으로 세지 않는다.

❺ 뜨개지를 겉으로 뒤집은 뒤 계속해서 뜬다.

201

양쪽 끝에서 코 늘리기

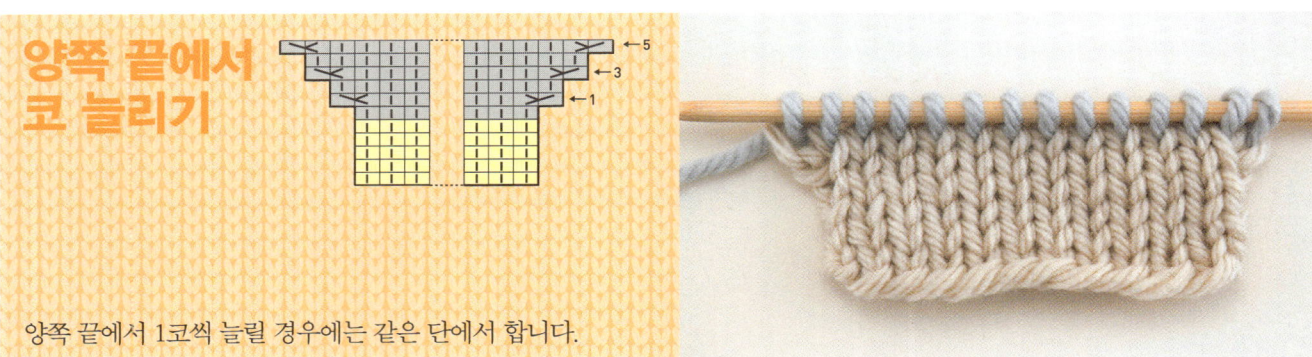

양쪽 끝에서 1코씩 늘릴 경우에는 같은 단에서 합니다.

오른쪽 끝

❶ 끝코를 겉코로 뜬다. 화살표처럼 2단 아래의 코에 왼쪽 바늘을 넣는다.

❷ 바늘을 넣은 모습. 이 코에 겉코를 떠 넣는다.

❸ 겉코를 뜬다.

❹ 끝에서 1코 안쪽에서 1코 늘린 모습.

왼쪽 끝

❺ 단의 끝 1코 앞쪽까지 뜬다. 화살표처럼 아랫단의 코에 오른쪽 바늘을 넣는다.

❻ 바늘을 넣은 모습.

❼ 왼쪽 바늘로 옮긴 뒤 옮긴 코를 겉코로 뜬다.

❽ 계속해서 끝 1코를 뜬다. 끝에서 1코 안쪽에서 1코 늘린 모습.

❾ 양쪽 끝에서 1코씩 늘린 모습.

돌려뜨기로 코 늘리기

편물의 중간에서 구멍을 내지 않고 코를 늘릴 경우에는 돌려뜨기(▶p.50)로 늘립니다.

❶ 돌려뜨기를 뜰 위치에 오면, 코와 코 사이에 걸쳐져 있는 실을 왼쪽 바늘로 화살표처럼 건다.

❷ 실을 건 모습. 걸어놓은 실에 돌려뜨기를 뜬다.

❸ 오른쪽 바늘을 뒤쪽으로 넣은 뒤 겉코의 요령으로 뜬다.

❹ 코를 뜬 모습. 1단 아래의 코가 돌려져서 늘어나 있다.

❺ '돌려뜨기(안뜨기의 경우)'를 뜰 위치까지 뜨고 나면 코와 코 사이에 걸쳐져 있는 실을 왼쪽 바늘로 화살표처럼 건다.

❻ 실을 건 모습. 오른쪽 바늘에 뒤쪽 실을 앞쪽을 향해 건 뒤 안코를 뜬다.

❻을 뜨고 있는 모습.

❼ 코를 뜬 모습. 아랫단의 코가 돌려져 있다.

❽ 돌려뜨기로 2코를 늘린 모습.

주머니 뜨는 법

여기서는 별도의 실을 떠 넣어서 만드는 주머니 뜨는 방법을 소개합니다.
주머니 입구, 주머니 본판(안쪽)을 따로 떠서 몸판에 꿰매어 답니다.

❶ 주머니를 만들 위치까지 몸판을 뜨고 나면 별도의 실을 준비한다. 지정된 콧수만큼 별도의 실로 뜨고 나면 왼쪽 바늘로 별도의 실의 코를 모두 옮기고, 몸판의 실로 계속해서 뜬다.

❷ 몸판을 다 뜨고 나면 별도의 실을 풀어낸 뒤 주머니를 뜬다. 돗바늘을 사용하여 별도의 실을 1코씩 풀고 나면 바늘로 코를 옮겨 나간다.

❸ ❷의 별도의 실을 풀면서 아래쪽 코는 바늘에, 위쪽 코는 실에 끼운다.

❹ 별도의 실을 빼낸 모습. 바늘에 걸려 있는 코를 사용하여 주머니 입구를 뜬다.

❺ '돌려뜨기로 코 늘리기'를 하면서(▶p.204) 뜨기 시작한다.

❻ 주머니 입구를 완성한 모습. 다 뜨고 남은 실은 40cm 정도 남겨둔다.

❼ 위아래를 뒤집은 뒤 실에 끼워두었던 코를 바늘로 옮겨서 뜨기 시작한다. 주머니 본판을 뜬다.

❽ 메리야스뜨기로 지정된 콧수와 단수를 뜬다. 주머니 본판을 뚫려있는 구멍을 통해 몸판의 안쪽으로 넣는다.

❾ 주머니 입구의 양쪽 끝부분을 꿰맨다. 덮어씌우기(▶p.161)의 요령으로 1코씩 주워서 꿰맨다.

❿ 꿰맨 모습. 꿰맨 실이 보이지 않을 정도로 당겨진 상태가 좋다.

⓫ 안쪽에서 주머니 본판을 잇는다. 위아래를 뒤집어서 이어 나간다.

⓬ 겉으로 표시가 나지 않도록 몸판은 코와 코 사이의 실을 주워서 1단씩 감아서 잇는다.

⓭ 한쪽 변을 0 은 모습. 계속해서 나머지 두 변도 감아서 잇는다.

⓮ 아래쪽은 몸판의 고무뜨기와 메리야스뜨기의 경계 부분의 코를 주워서 잇는다.

⓯ 이어서 고정한 모습.

앞섶 뜨는 법

재킷이나 카디건 등
몸판에서 수직으로 앞섶을 뜨는 경우의 방법입니다.

❶ 아래쪽 끝코와 1코 안쪽의 코 사이에 바늘을 넣어서 실을 끌어낸다.

※ 끌어내기 힘든 경우에는 코바늘을 사용하여 끌어낸다.

❷ 1코 끌어낸 모습. 같은 방법으로 코를 줍는다. 몸판의 단수에서 주울 콧수를 몇 단에서 몇 코 주울지 정한다.

❸ 밑단의 14단에서 10코를 주운 모습. 코 사이에 바늘을 잘 넣으면 몸판의 코가 모두 끼워져서 깔끔하다.

❹ 앞섶을 뜬 모습. 균형을 맞춰서 잘 주우면 느슨해지거나 많이 늘어나지 않는다.

단춧구멍

뜨개코를 별도의 실로 벌려서 단추를 넣을 수 있는 구멍을 만드는 방법입니다.
다 뜨고 난 뒤에 원하는 위치에 만들 수 있습니다.
편물의 실이 굵은 경우에는 가는 실을 사용하여 만드세요.

❶ 실을 40cm 정도로 자른 뒤 돗바늘에 끼운다. 구멍을 내려는 위치에 돗바늘의 끝부분을 넣는다.

❷ 바늘을 위아래로 움직이면서 편물을 잡아당긴 뒤 실이 끊어지지 않도록 조심하면서 뜨개코를 조금씩 천천히 벌린다.

❸ 단추의 크기보다 약간 더 큰 구멍을 만든 뒤 구멍 안쪽에서 돗바늘을 빼낸다.

❹ 실 처리용으로 15cm 정도 남기고 실을 꺼낸 뒤 3단 아래의 코에 돗바늘을 넣고 한 번 더 구멍에서 빼낸다.

❺ 실을 돗바늘의 끝에 걸리듯이 해서 빼낸다.

❻ 실을 잡아당긴 모습. 세게 잡아당기면 3단분의 실이 당겨지면서 확실하게 구멍이 생긴다. 같은 위치에서 ❺, ❻을 3번 정도 반복한다.

❼ 이것을 반복하면서 왼쪽으로 이동한다.

❽ 세로부분은 1단에 1번 꿰맨다. 단추의 크기에 맞춰서 구멍을 벌리면서 꿰매 나간다.

❾ 한 바퀴 빙 둘러 꿰맨 모습. 시작부분의 코에 바늘을 넣은 뒤 안쪽에서 실 처리(▶p.39)를 한다.

● 돗바늘을 넣는 방향과 위치에 주의하자!

○ '고무뜨기 막기'를 할 경우 꿰맬 코를 눈에 띄지 않게 하여 사슬뜨기가 이어지는 것처럼 보이게 하려면 뜨개코에 넣는 돗바늘의 방향이 중요합니다.
○ 이 책에서는 뜨개코의 앞쪽에서 뒤쪽으로 바늘을 넣는 것을 '앞쪽에서 넣는다', 뒤쪽에서 앞쪽으로 바늘을 넣는 것을 '뒤쪽에서 넣는다'고 표현하고 있습니다. 사진 설명과 오른쪽 일러스트를 보며 확인하세요.

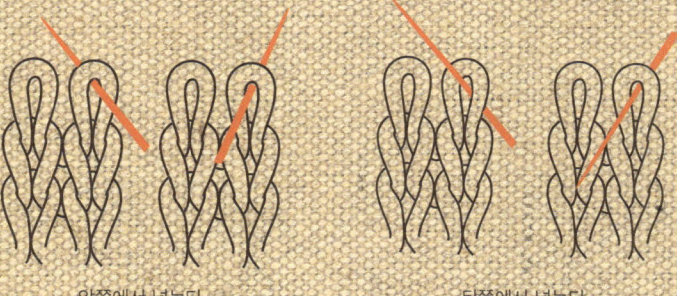

앞쪽에서 넣는다 　　　　　 뒤쪽에서 넣는다

나란히 있는 두 가지 이미지는, 바늘 끝의 방향은 다르나 둘 다 같은 쪽에서 바늘을 넣고 있는 모습.

오프 터틀넥 풀오버

심플한 스타일에 넉넉한 칼라를 더한 풀오버

조금 길게 만들어 더욱 여성스러운 느낌으로 연출한 풀오버입니다.
몸판과 소매에는 '걸기코'와 '코 겹치기'로 만든 레이스무늬를 넣어서 산뜻한 느낌이 들게 했습니다.
무늬를 조금씩 떠 나가면 밑단이 자연스럽게 스캘럽무늬가 됩니다.
넉넉하게 만든 오프 터틀넥은 넓은 목둘레에서 코를 주워서 만드는데,
코의 개수가 많으니 잘못 뜨지 않도록 주의하세요.
칼라가 무거워 보이지 않으면서 부드러운 느낌을 주려면 부드러운 실을 선택합니다.

● 주요 사용 테크닉
레이스뜨기(걸기코와 코 겹치기)
옆선과 소매밑단 덮어씌우기
목둘레 코줍기

● 재료
실   하마나카 릴리아지 (병태 타입) 연두색(3) 360g
바늘 7호 구슬 달린 2개짜리 막대바늘, 8호 40cm 줄바늘, 5/0호 코바늘, 털실용 돗바늘

● 게이지
메리야스뜨기 19코×25.5단(10cm×10cm)

● 사이즈
품(가슴둘레) 45cm, 옷길이 63.5cm

뜨개 순서

1 앞·뒤 몸판을 뜬다
2 소매를 뜬다
3 어깨를 잇는다
4 칼라를 뜬다
5 옆선을 꿰맨다
6 소매밑단을 꿰맨다
7 소매를 단다

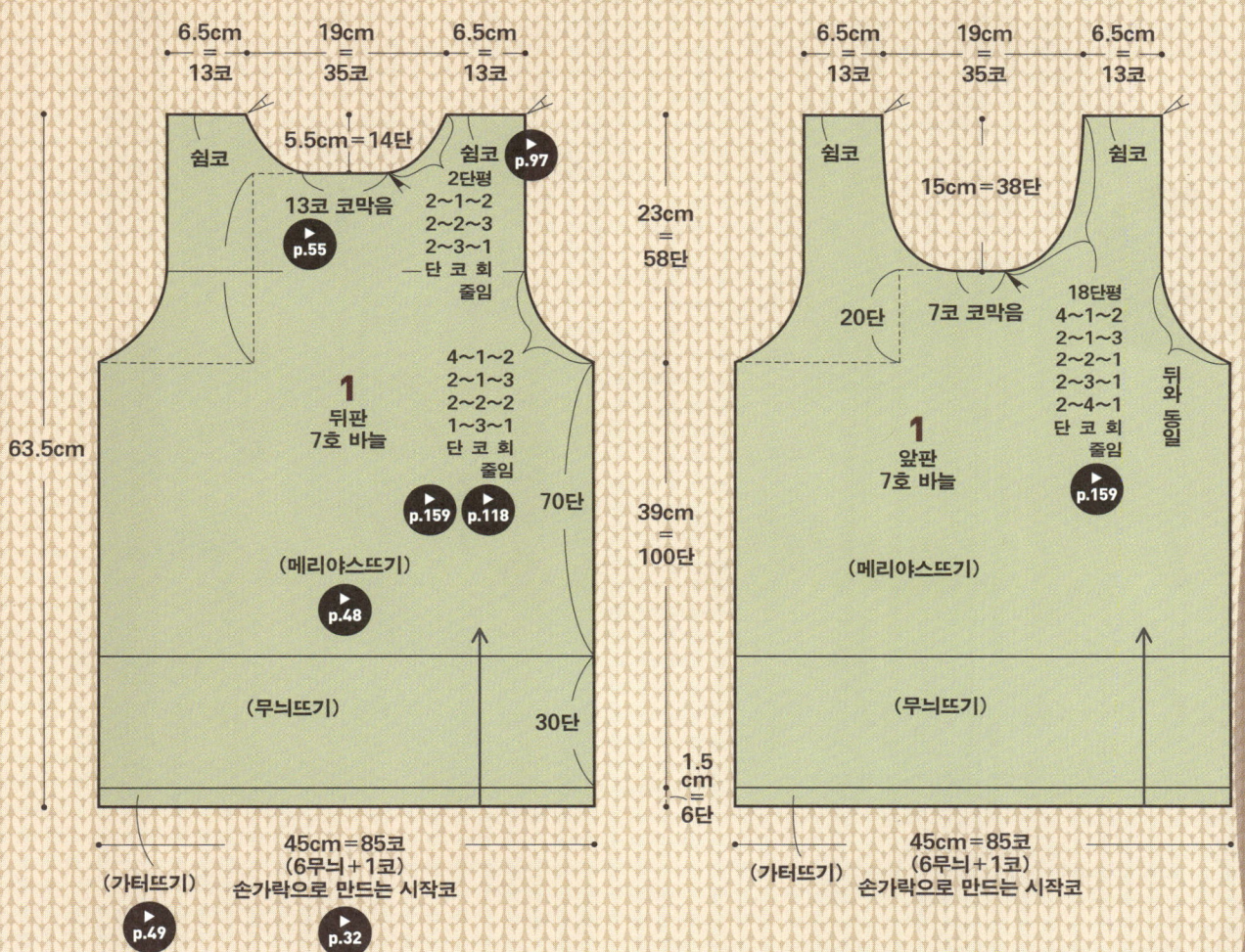

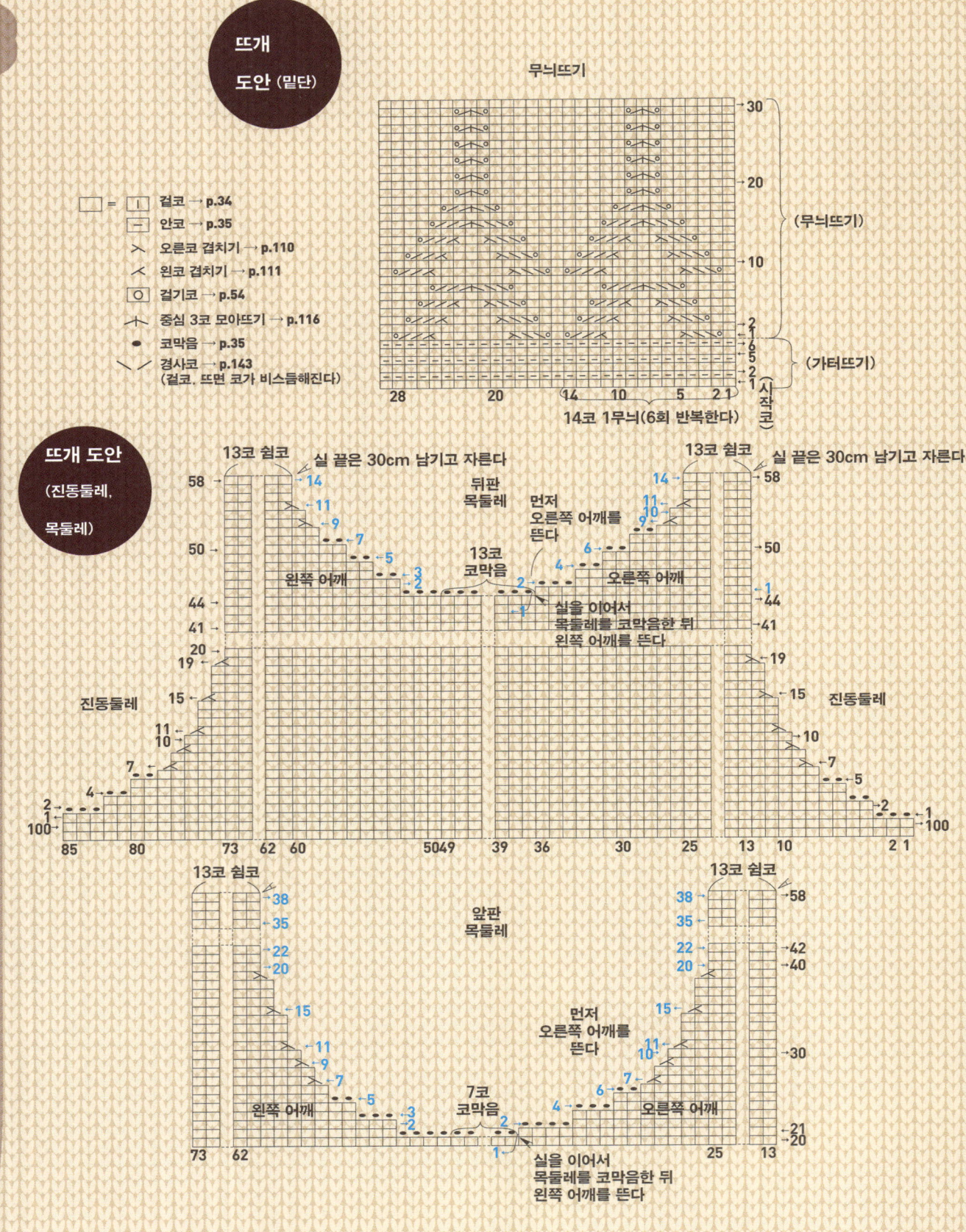

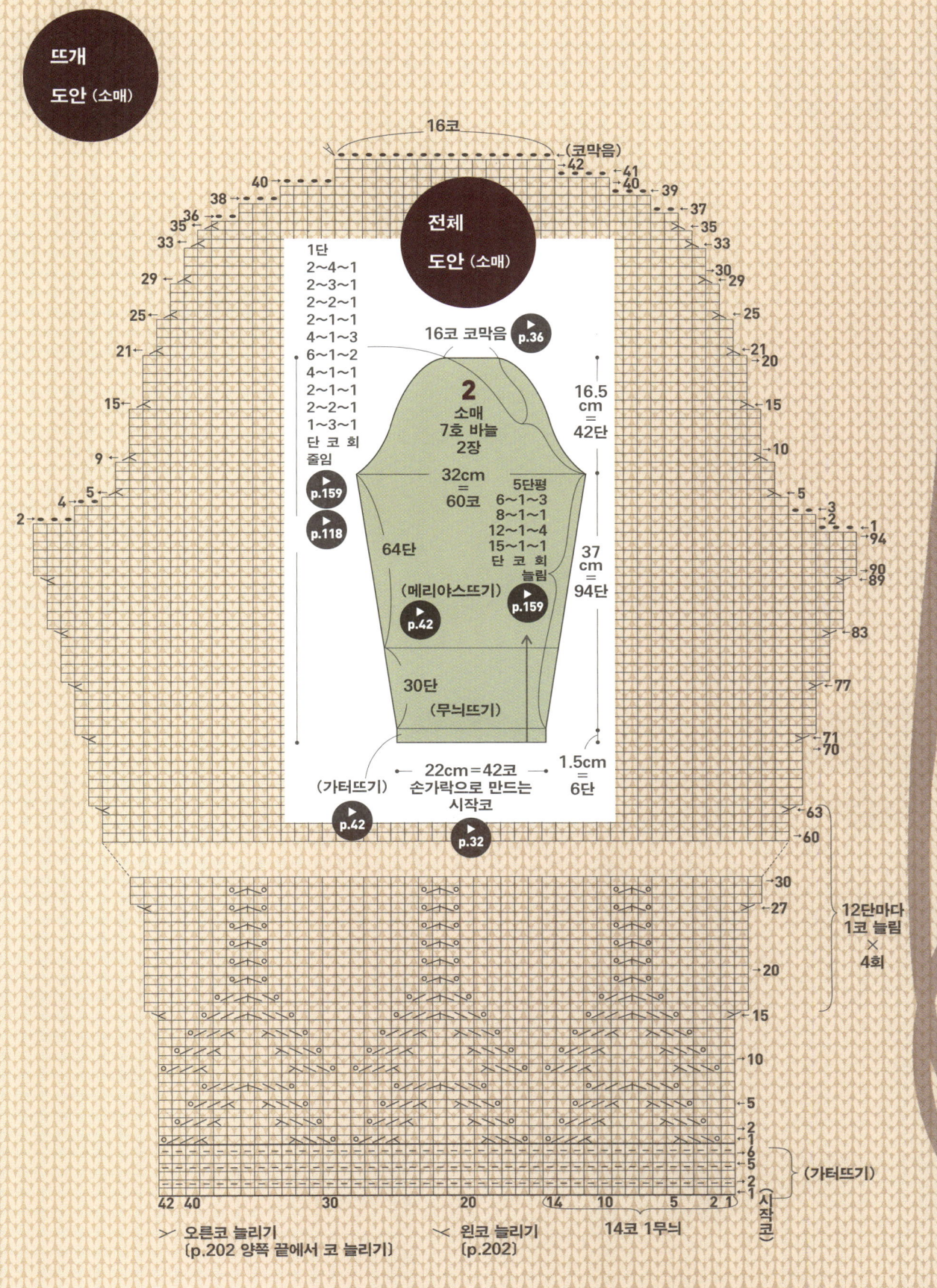

마무리 방법

3 앞·뒤 몸판을 겉끼리 맞대어 5/0호 코바늘로 '빼뜨기 잇기'한다 ▶ p.177

4 칼라를 뜬다

접어서 겹친다

10cm

63.5cm

55cm

7 소매와 몸판을 겉끼리 맞대어 5/0호 코바늘로 진동둘레를 '빼뜨기 꿰매기'한다 ▶ p.168

90cm

6 소매를 안끼리 맞대어 '덮어씌우기'로 처리한다 ▶ p.166

5 앞·뒤 몸판을 안끼리 맞대어 옆선을 '덮어씌우기'로 처리한다 ▶ p.161

6

전체 도안 (칼라)

뜨개 도안 (칼라)

뒤판에서 38코 줍기

2코 고무뜨기 막기 ▶ p.186

20cm = 50단

4 칼라 8호 줄바늘 (2코 고무뜨기)

앞판에서 90코 줍기 ▶ p.160

2코 고무뜨기 막기

(2코 고무뜨기)

128　125　　51　　45　　39　　　5　2　1 (코줍기)

목둘레 중앙　　　어깨(줄기 시작)★

앞판의 코막음에서 13코 줍기

· 뒤판의 경우에도 중앙은 코막음에서 7코를 줍는다

코바늘 사용법

꿰매기·잇기 등에서 사용하는
코바늘 잡는 법과 기본의 사슬뜨기 뜨는 법입니다.

코바늘 잡는 법

연필을 잡을 때와 마찬가지로 코바늘을 오른손으로 잡습니다. 왼손으로 실을 잡고 건 뒤 오른손으로 코바늘을 움직입니다. 손끝에 힘을 뺀 상태에서 손목을 돌리면서 뜹니다.

사슬뜨기 뜨는 법

❶ 바늘에 실을 건다.

❷ 바늘에 걸려 있는 고리 사이로 실을 끌어낸다.

❸ 사슬뜨기 1코를 완성한 모습.

색인

ㄱ

- 가로줄무늬 85, 86
- 가터뜨기 49
- 가터 잇기 175
- 감아서 잇기 93
- 감아코로 늘리기 200
- 걸기코(또는 바늘비우기) 54
- 걸러뜨기(또는 미끄럼코) 52
- 걸러뜨기(안뜨기의 경우) 53
- 걸쳐져 있는 실(싱커 루프) 19
- 겉코(또는 겉뜨기) 34
- 게이지 재는 법 23
- 고리 19
- 고무뜨기로 뜬 머플러 a 27
- 고무뜨기로 뜬 머플러 b 29
- 꽈배기무늬 넥워머 99
- 꽈배기무늬 모자 107
- 꽈배기무늬로 포인트를 준 손가락장갑 127
- 꽈배기바늘 13
- 구슬 달린 2개짜리 막대바늘 12
- 기본 용어 105

ㄴ

- 넥워머(꽈배기무늬) 99

ㄷ

- 단수 19
- 단수 표시링 21
- 단춧구멍 208
- 덮어씌워 잇기 178
- 덮어씌우기
  - (가터뜨기) 165
  - (메리야스뜨기 1코씩 줍기) 161
  - (메리야스뜨기 반코씩 줍기) 164
  - (줄임코에서 줍기) 166
  - (늘림코에서 줍기) 167
  - (1코 고무뜨기 1코 줍기) 162
  - (2코 고무뜨기 1코 줍기) 163
- 덮어서 꿰매기 170
  - (코가 바늘에 걸려 있는 경우) 171
- 돌려뜨기
  - (겉뜨기의 경우) 50
  - (안뜨기의 경우) 51
- 돌려뜨기로 코 늘리기 204
- 되돌아뜨기
  - (오른쪽 어깨 경사 만들기) 158
  - (왼쪽 어깨 경사 만들기) 157
- 뒤꿈치 142
- 뜨개지 19

ㄹ

- 라벨 보는 법 17
- 로트번호 17
- 루프 얀 15

ㅁ

- 매듭 104
- 머플러
  - (아란무늬) 59
  - (고무뜨기 a) 27
  - (고무뜨기 b) 29
  - (무늬뜨기) 45
- 멍석뜨기 49
- 메리야스뜨기 48
- 메리야스자수 133
- 메리야스자수로 포인트를 준 벙어리장갑 125
- 메리야스 잇기
  - (코막음된 부분끼리 잇는 경우) 174
  - (코가 바늘에 걸려 있는 경우) 172
- 모자 윗부분 오므리는 법 121
- 모헤어 얀 15
- 목둘레 코줍기 160
- 무늬뜨기로 뜬 머플러 45
- 미끄럼코 52
- 믹스실 42

ㅂ

- 바늘마개 21
- 바늘비우기 54
- 바늘 호수 13
- 발끝 뜨는 법 144
- 배색뜨기
  - (안쪽으로 실을 걸치지 않는 경우) 91
  - (안쪽으로 실을 걸치는 경우) 88
  - (여러 가지 도안) 94, 95
  - (스톨) 81
- 빼뜨기 꿰매기 168
  - (곡선의 경우) 169
- 빼뜨기 잇기 177
- 벙어리장갑(메리야스자수) 125
- 변형 1코 고무뜨기 57
- 별도의 실로 뜨는 시작코(나중에 풀어내는 경우) 152
- 별도의 실로 뜬 시작코를 풀어서 뜨는 방법 153
- 브이넥 조끼(아가일무늬) 147

ㅅ

- 세로줄무늬 87
- 손가락장갑(꽈배기무늬) 127
- 손가락 뜨는 법 134
- 손가락으로 만드는 시작코 32
- 손끝 처리 135
- 실 처리 39

실의 종류	15	조끼(브이넥)	147
숄칼라 재킷	189	주머니 뜨는 법	205
싱커 루프(걸쳐져 있는 실)	19	줄무늬가 들어간 양말	139
스트레이트 얀	15	줄바늘	12
슬러브 얀	15	줄바늘로 만드는 시작코 & 뜨는 방법	103
시작코	19, 32	줄자	21
		중심 3코 모아뜨기	
ㅇ		(겉뜨기의 경우)	116
아가일무늬 브이넥 조끼	147	(안뜨기의 경우)	117
아란무늬 머플러	59		
안메리야스뜨기	48	**ㅋ**	
안메리야스 잇기	176	코	19
안전핀(풀림막음핀)	21	코 늘리기의 기호 보는 법	159
안코(또는 안뜨기)	35	코막음	
알맞은 바늘 호수	17	(1코 고무뜨기의 경우)	38
앞섶 뜨는 법	207	(메리야스뜨기의 경우)	36
양말	139	(안메리야스뜨기의 경우)	37
양말 뜨는 법	142	코바늘	12
양쪽 끝에서 코 늘리기	202	코바늘 사용법	217
엄지 구멍	134	코와 단 잇기	179
영국 고무뜨기	56	코 줄이기	
오른코 겹치기		(양옆에서 3코 이상 줄이기)	118
(겉뜨기의 경우)	110	(끝코를 세우면서 줄이기)	120
(안뜨기의 경우)	112	코 줄이기와 코 늘리기의 기호 보는 법	159
오른코 교차뜨기	62	코튼 실	15
오른코 늘리기		콧수	19
(겉뜨기의 경우)	196	콧수·단수 카운터	19
(안뜨기의 경우)	198		
오른코 중심 3코 모아뜨기(겉뜨기의 경우)	114	**ㅌ**	
오른코 위 2코 교차뜨기		털실용 돗바늘	13, 41
(또는 2:2 꽈배기뜨기)	66	트위드 얀	15
(사이에 안뜨기 2코 넣기)	74		
오른코 위 2코와 1코 교차뜨기		**ㅍ**	
(1코가 앞쪽)	71	팝콘뜨기	
(2코가 앞쪽)	70	(겉코 3코 3단)	76
오른코 위 2코와 안뜨기 1코 교차뜨기	72	(겉코 5코 5단)	77
오른코 위 3코 교차뜨기	68	풀오버(오프 터틀넥)	211
오프 터틀넥 풀오버	211	품질	17
왼코 겹치기		프린지 다는 법	40
(겉뜨기의 경우)	111		
(안뜨기의 경우)	113	**ㅎ**	
왼코 교차뜨기	64	화학섬유	15
왼코 늘리기			
(겉뜨기의 경우)	197	**기타**	
(안뜨기의 경우)	198	1코 고무뜨기	49
왼코 중심 3코 모아뜨기	115	1코 고무뜨기 막기	
왼코 위 2코 교차뜨기	67	(끝 2코가 겉코인 경우)	180
(사이에 안뜨기 2코 넣기)	75	(원형으로 뜨는 경우)	184
왼코 위 2코와 안뜨기 1코 교차뜨기	73	1코 고무뜨기 시작코(양끝 1코가 겉코인 경우)	154
왼코 위 3코 교차뜨기	69	2코 고무뜨기	49
원형뜨기	21	2코 고무뜨기 막기	182
왕복뜨기	20	(원형으로 뜨는 경우)	186
울 실	15	2개짜리 막대바늘	12
		4개짜리 막대바늘	13
ㅈ		4개의 바늘을 사용한 원형뜨기의 시작코 & 뜨는 방법	102
재킷(숄칼라)	189		

디자인·제작·기초지도

미카·유카(ミカ・ユカ)

수예서적 편집자였던 하네다 미카(羽田美香)와 어패럴 디자이너였던 호시카와 유카(星川優香).
두 사람은 일본 문화복장학원을 졸업한 후 니트 및 재봉 분야에서 폭넓게 활약 중이다.
잡지 및 문화센터에서 강사로 활동하면서 기업 유니폼 디자인도 하고 있다.
현재는 함께 뜻을 모아 강아지 옷과 소품을 판매하는 'Dog Paws(http://www.dog-paws.com)'를 공동 운영하고 있다.
저서로는 《왕초보 대바늘 손뜨개》《처음 하는 재봉 & 뜨개질》《귀여운 강아지를 위한 핸드메이드 옷》등이 있다.

STAFF

작품제작협력 佐藤すい, 森重榮子, 森智佐子, 星川恭代
디자인·레이아웃 堀江京子(netz)
촬영 梅澤仁
뜨개도안 협력 吉居瑞子, 山本晶子
트레이스 大森裕美子(tinyeggs studio)
DTP 협력 Hayato(crazy)
교정 文字工房 燦光
편집 小泉未来
편집 데스크 森信千夏(主婦の友社)

소재 협력

하마나카 주식회사 http://www.hamanaka.co.jp/

BOUBARIAMI NO CHO KIHON-DANZEN WAKARIYASUI! NAGAKUTSUKAERU KETTEIBAN © Dog Paws 2011
Originally published in Japan in 2011 by SHUFUNOTOMO CO., LTD., TOKYO,
Korean translation rights arranged with SHUFUNOTOMO CO., LTD., TOKYO,
through TOHAN CORPORATION, TOKYO, and YU RI JANG AGENCY, SEOUL.

이 책의 한국어판 저작권은 유·리·장 에이전시를 통한 저작권자와의 독점 계약으로 이퍼블릭에 있습니다.
저작권법에 의해 한국 내에서 보호를 받는 저작물이므로 무단 전재와 무단 복제를 금합니다.